Die Kraft der Gegenwart – Dein Schlüssel zum wahren Leben

ALEXANDER ARMIN

INHALTSVERZEICHNIS

1

Annas Erwachen

1.1 Morgendliche Routine

Der Wecker klingelte um 6:30 Uhr, und Anna öffnete langsam die Augen. Der sanfte Lichtstrahl, der durch die Vorhänge fiel, schien sie zu umarmen und ihr einen Hauch von Hoffnung zu schenken. „Ein neuer Tag, neue Möglichkeiten", murmelte sie leise und setzte sich auf die Bettkante.

In der Küche bereitete sie ihren ersten Kaffee des Tages zu. Der Duft frisch gebrühten Kaffees erfüllte den Raum und weckte ihre Sinne. Max, ihr bester Freund, hatte ihr einmal gesagt: „Die Morgenroutine ist wie ein Ritual – es gibt dir Struktur." Sie lächelte bei dem Gedanken an seine Worte.

„Guten Morgen!", rief Max über Videoanruf aus seinem eigenen Zuhause. Sein Gesicht erschien auf dem Bildschirm, fröhlich und voller Energie. „Hast du schon meditiert?"

„Noch nicht", antwortete Anna zögernd. „Ich habe es mir vorgenommen, aber..."

„Aber?", unterbrach er sie mit einem schelmischen Grinsen. „Du weißt doch, dass das der Schlüssel ist! Fünf Minuten nur für dich selbst."

- **Kaffee zubereiten:** Ein Ritual für den Start in den Tag.
- **Atemübungen:** Fünf Minuten Achtsamkeit vor dem Frühstück.
- **Tagebuch schreiben:** Gedanken und Ziele festhalten.

Anna nickte nachdenklich. „Du hast recht. Ich werde es heute versuchen." Sie stellte ihren Kaffee beiseite und setzte sich auf das Kissen im Wohnzimmer, schloss die Augen und atmete tief ein.

Die Stille um sie herum war beruhigend; jeder Atemzug fühlte sich an wie eine kleine Befreiung von ihrem hektischen Alltag. Nach einigen Minuten öffnete sie die Augen wieder und fühlte sich erfrischt.

"Wie war's?", fragte Max neugierig am anderen Ende des Bildschirms.

"Es war gut", gestand Anna mit einem Lächeln. "Ich glaube, ich könnte mich daran gewöhnen." Die morgendliche Routine begann für sie mehr als nur eine Pflicht zu sein; es wurde ein Moment der Selbstliebe und Achtsamkeit inmitten des Chaos ihres Lebens.

"Es war gut", gestand Anna mit einem Lächeln. "Ich glaube, ich könnte mich daran gewöhnen." Die morgendliche Routine begann für sie mehr als nur eine Pflicht zu sein; es wurde ein Moment der Selbstliebe und Achtsamkeit inmitten des Chaos ihres Lebens.

1.2 Zweifel beim Kaffee

Während Anna an ihrem dampfenden Kaffee nippte, schlich sich ein Gefühl des Zweifels in ihren Geist. „Was, wenn ich nie die richtige Balance finde?", murmelte sie leise und starrte in die Tasse. Der Kaffee war ihr treuer Begleiter, doch heute schien er nicht genug zu sein.

„Was ist los?", fragte Max, der immer noch über den Videoanruf zugeschaltet war. Sein Gesicht wirkte besorgt, als er Annas nachdenklichen Ausdruck sah.

„Ich weiß nicht, ob ich meine Ziele wirklich erreichen kann", gestand Anna und ließ ihren Blick auf den Tisch sinken. „Jeden Morgen nehme ich mir vor, produktiv zu sein, aber dann kommen die Zweifel."

- **Zweifel an der eigenen Fähigkeit:** Fühlt sich oft überwältigend an.
- **Vergleich mit anderen:** Die sozialen Medien verstärken das Gefühl der Unzulänglichkeit.
- **Mangelnde Motivation:** Manchmal fehlt einfach der Antrieb.

Max nickte verständnisvoll. „Das ist normal, Anna. Jeder hat solche Tage. Du musst dir nur bewusst machen, dass es okay ist, nicht perfekt zu sein."

„Aber wie kann ich diese Gedanken loswerden?", fragte sie und nahm einen weiteren Schluck von ihrem Kaffee.

„Vielleicht hilft es dir, deine Erfolge aufzuschreiben", schlug Max vor. „Fokussiere dich auf das Positive! Was hast du in letzter Zeit erreicht?"

Annas Augen leuchteten auf. „Nun ja, ich habe angefangen zu meditieren und mein Tagebuch regelmäßig zu führen..." Sie zählte ihre kleinen Erfolge auf und spürte eine wachsende Zuversicht in sich.

"Siehst du?", ermutigte Max sie weiter. "Jeder Schritt zählt! Und du bist nicht allein – wir alle kämpfen mit unseren Zweifeln."

Anna lächelte schwach und fühlte sich ein wenig leichter. Der Kaffee hatte zwar seine Wirkung entfaltet, aber es waren auch die Worte ihres Freundes gewesen, die ihr halfen, den Nebel der Unsicherheit etwas zu lichten.

1.3 Der Weg zur Arbeit

Der Weg zur Arbeit war für Anna oft eine Zeit der Reflexion. An diesem Morgen, während sie auf dem Bürgersteig entlangging, spürte sie die kühle Brise, die ihr durch die Haare strich. „Ich hoffe, heute wird besser", murmelte sie vor sich hin und versuchte, ihre Zweifel hinter sich zu lassen.

Plötzlich hörte sie ein vertrautes Lachen hinter sich. Es war Lisa, ihre Kollegin aus der Marketingabteilung. „Hey Anna! Bist du bereit für einen weiteren aufregenden Tag im Büro?", rief Lisa fröhlich und gesellte sich zu ihr.

„Ich bin mir nicht sicher", antwortete Anna zögerlich. „Manchmal habe ich das Gefühl, dass ich einfach nicht genug leiste."

- **Zweifel an den eigenen Fähigkeiten:** Ein ständiger Begleiter auf ihrem Weg.
- **Die Herausforderung des Vergleichs:** Immer wieder sieht sie andere erfolgreicher.
- **Mangelnde Motivation:** Die Frage bleibt: Wie kann man den inneren Schweinehund überwinden?

Lisa nickte verständnisvoll. „Das kenne ich nur zu gut! Aber denk daran, dass jeder seine eigenen Kämpfe hat. Du bist viel stärker als du denkst!"

Annas Gesicht hellte sich auf. „Danke, Lisa! Manchmal brauche ich einfach einen kleinen Schubs in die richtige Richtung." Sie lächelte und fühlte sich ermutigt von Lisas Worten.

„Wie wäre es mit einem Kaffee nach der Arbeit?", schlug Lisa vor. „Wir können über alles reden – vielleicht hilft es dir ja!"

„Das klingt großartig! Ich könnte wirklich jemanden zum Reden gebrauchen", gestand Anna und spürte eine Welle der Erleichterung über sich hinwegrollen.

Als sie weitergingen, bemerkte Anna die bunten Blätter der Bäume um sie herum und atmete tief ein. Vielleicht war der Weg zur Arbeit nicht nur eine Routine; vielleicht konnte er auch eine Gelegenheit sein, neue Perspektiven zu gewinnen und Unterstützung von Freunden zu finden.

The power of the present

2

Das geheimnisvolle Buch

2.1 Ein Fund in der Mittagspause

Es war ein gewöhnlicher Dienstag, als Anna beschloss, ihre Mittagspause im kleinen Park um die Ecke zu verbringen. Die Sonne schien warm auf ihr Gesicht und die Geräusche der Stadt schienen für einen Moment zu verstummen. Sie setzte sich auf eine Bank und öffnete ihren Laptop, doch die Worte auf dem Bildschirm verschwammen vor ihren Augen.

„Du solltest mal wieder etwas lesen, das dich inspiriert", sagte Max, der plötzlich neben ihr auftauchte und sich auf die Bank setzte. „Ich habe da etwas für dich." Er zog ein abgenutztes Buch aus seiner Tasche und hielt es ihr entgegen.

„Was ist das?" fragte Anna neugierig und betrachtete den Titel: „Die Kraft der Gegenwart". Der Umschlag war schlicht, aber ansprechend gestaltet.

„Ein Freund hat mir das empfohlen. Es geht darum, im Hier und Jetzt zu leben", erklärte Max mit einem Lächeln. „Ich dachte, es könnte dir gefallen."

Anna blätterte durch die Seiten und fühlte sofort eine Verbindung zu den Worten. „Das klingt wirklich interessant", murmelte sie. „Ich habe das Gefühl, dass ich ständig abgelenkt bin."

„Genau! Das Buch gibt dir Werkzeuge an die Hand, um deine Gedanken zu ordnen", ermutigte Max sie weiter. „Lass uns zusammen darüber reden!"

- **Achtsamkeit üben:** Wie man den Moment bewusst erlebt.
- **Selbstakzeptanz:** Sich selbst so anzunehmen, wie man ist.
- **Ängste überwinden:** Strategien zur Bewältigung innerer Kritiker.

Annas Herz schlug schneller bei dem Gedanken an all die Möglichkeiten, die dieses Buch bieten könnte. „Vielleicht ist das genau das, was ich brauche", gestand sie leise.

"Lass uns heute Abend treffen", schlug Max vor. "Wir können über unsere Eindrücke sprechen." Anna nickte zustimmend; in diesem Moment spürte sie zum ersten Mal seit langer Zeit einen Funken Hoffnung in ihrem Herzen.

2.2 Die ersten Seiten

„Die Kraft der Gegenwart", murmelte sie leise, während ihre Augen über die Zeilen glitten. Die Worte schienen lebendig zu werden und zogen sie sofort in ihren Bann. „Es ist erstaunlich, wie oft wir im Alltag abgelenkt sind", dachte sie bei sich.

Plötzlich klingelte ihr Handy. Es war Max.

„Hey! Hast du schon angefangen zu lesen?" fragte er aufgeregt.

„Ja, ich bin gerade bei den ersten Kapiteln", antwortete Anna mit einem Lächeln in ihrer Stimme. „Es ist wirklich inspirierend."

„Was hat dich am meisten berührt?" erkundigte sich Max neugierig.

„Die Idee, dass wir oft in der Vergangenheit oder Zukunft leben und dabei den gegenwärtigen Moment verpassen", erklärte Anna nachdenklich. „Ich habe das Gefühl, dass ich genau das tue."

- **Achtsamkeit:** Der erste Abschnitt sprach darüber, wie wichtig es ist, im Hier und Jetzt zu sein.
- **Selbstreflexion:** Ich sollte mehr Zeit damit verbringen, über meine Gedanken nachzudenken.
- **Kleine Schritte:** Es wird empfohlen, kleine Übungen zur Achtsamkeit auszuprobieren.

Max hörte aufmerksam zu. „Das klingt großartig! Lass uns morgen früh zusammen joggen gehen und darüber reden", schlug er vor.

Anna nickte zustimmend, auch wenn er es nicht sehen konnte. „Das wäre toll! Ich denke, es könnte mir helfen, die Ideen besser zu verarbeiten."

Sobald sie das Gespräch beendet hatte, fühlte Anna eine Welle der Vorfreude über die bevorstehenden Veränderungen in ihrem Leben. Das Buch war nicht nur ein Geschenk; es war ein Schlüssel zu einer neuen Perspektive auf ihre Welt.

2.3 Gespräch mit Max

„Ich habe darüber nachgedacht, was du gestern gesagt hast", begann Max, während sie in einem gemäßigten Tempo joggten. „Wie oft leben wir wirklich im Moment?"

„Genau! Es ist so einfach, sich von der Hektik des Alltags ablenken zu lassen", antwortete Anna und atmete tief ein. „Ich habe das Gefühl, dass ich oft in meinen Gedanken gefangen bin."

Max nickte verständnisvoll. „Das kenne ich nur zu gut. Manchmal verliere ich mich in meinen Plänen für die Zukunft oder denke an Dinge aus der Vergangenheit."

- **Achtsamkeit:** Sie diskutierten darüber, wie wichtig es ist, bewusst im Hier und Jetzt zu sein.
- **Kleine Übungen:** Max schlug vor, täglich kurze Achtsamkeitsübungen auszuprobieren.
- **Gemeinsame Reflexion:** Sie beschlossen, regelmäßig über ihre Fortschritte zu sprechen.

„Was hältst du von einer kleinen Herausforderung?", fragte Anna plötzlich mit einem schelmischen Lächeln. „Wir könnten jeden Tag eine neue Achtsamkeitsübung ausprobieren und uns gegenseitig berichten."

„Das klingt spannend! Ich bin dabei", erwiderte Max begeistert. „Es wird interessant sein zu sehen, wie sich unsere Perspektiven verändern."

Während sie weiterliefen, fühlte Anna eine Welle der Motivation durch ihren Körper strömen. Die Idee, gemeinsam an ihrer Achtsamkeit zu arbeiten, gab ihr ein Gefühl von Unterstützung und Gemeinschaft.

„Ich freue mich darauf! Es wird nicht nur eine Herausforderung sein, sondern auch eine Möglichkeit für uns beide zu wachsen", sagte sie mit einem Lächeln.

Sobald sie ihre Runde beendet hatten und auf einer Bank saßen, spürte Anna eine tiefe Dankbarkeit für diese Freundschaft und die neuen Wege des Denkens, die sich ihr eröffneten.

3

Der innere Konflikt

3.1 Spiegelbild der Unsicherheit

Anna saß in ihrem Lieblingscafé, umgeben von dem geschäftigen Treiben der Stadt. Der Duft von frisch gebrühtem Kaffee und das leise Klirren von Tassen schufen eine vertraute Atmosphäre, doch in ihrem Inneren tobte ein Sturm. „Ich weiß nicht, ob ich den Mut habe, wirklich zu verändern, was mich unglücklich macht", murmelte sie und starrte auf die dampfende Tasse vor sich.

Max, ihr bester Freund, setzte sich gegenüber und bemerkte sofort ihre innere Zerrissenheit. „Was ist los? Du siehst aus, als würdest du mit dir selbst kämpfen", sagte er besorgt.

„Es ist dieser innere Kritiker", antwortete Anna frustriert. „Er flüstert mir ständig ins Ohr, dass ich nicht gut genug bin – dass ich niemals die Kraft haben werde, mein Leben zu ändern."

„Aber das bist nicht du! Das sind nur Gedanken", entgegnete Max energisch. „Du musst lernen, diese Stimmen zu hinterfragen. Was wäre, wenn du stattdessen an deine Stärken denkst?"

- Die Fähigkeit zuzuhören.
- Die Kreativität in deiner Arbeit.
- Deine Empathie für andere Menschen.

Anna nickte langsam. „Ich weiß es rational, aber emotional fühle ich mich oft verloren." Sie sah aus dem Fenster und beobachtete die vorbeigehenden Menschen. Jeder schien sein eigenes Päckchen zu tragen – jeder kämpfte mit seinen eigenen Unsicherheiten.

„Vielleicht ist es an der Zeit", sagte Max nachdenklich, „dass du dich diesen Ängsten stellst und sie akzeptierst. Sie sind Teil deiner Reise."

„Wie kann ich das tun? Wie kann ich meine Unsicherheiten in etwas Positives verwandeln?" fragte Anna verzweifelt.

„Indem du sie ans Licht bringst", antwortete Max mit einem Lächeln. „Schreibe sie auf! Mach eine Liste! Wenn du sie sichtbar machst, verlieren sie ihre Macht über dich."

Annas Augen leuchteten auf. Vielleicht war dies der erste Schritt zur Befreiung von ihrem inneren Konflikt – ein Spiegelbild ihrer Unsicherheit könnte auch der Schlüssel zu ihrer Stärke sein.

3.2 Diskussion mit dem inneren Kritiker

Anna saß wieder in ihrem Lieblingscafé, die Tasse Kaffee dampfte vor ihr. Doch heute war es anders. Sie hatte Max' Rat befolgt und eine Liste ihrer Ängste aufgeschrieben. „Ich muss mit dir reden", murmelte sie leise, als ob sie den inneren Kritiker direkt ansprechen könnte.

„Was hast du da?", fragte der innere Kritiker mit einer sarkastischen Stimme. „Eine Liste deiner Mängel? Glaubst du wirklich, dass das helfen wird?"

„Ja, ich glaube schon!", entgegnete Anna entschlossen. „Du bist nicht die Wahrheit über mich. Du bist nur ein Teil meiner Gedanken."

„Ein Teil? Ich bin der Teil, der dich daran erinnert, dass du nicht gut genug bist", konterte er scharf. „Schau dich um! Jeder hier hat sein Leben im Griff – nur du nicht."

„Das ist nicht wahr!", rief Anna und zog tief Luft. „Jeder hat seine Kämpfe, auch wenn sie nicht sichtbar sind." Sie blickte zu einem Paar am anderen Ende des Cafés, das lachte und sich unterhielt. „Siehst du? Auch sie haben ihre Unsicherheiten."

- Die Angst vor dem Scheitern.
- Die Sorge, von anderen beurteilt zu werden.
- Der Druck, Erwartungen zu erfüllen.

„Aber was ist mit deinen Träumen? Du wirst niemals erfolgreich sein", flüsterte der innere Kritiker weiter.

„Das stimmt nicht! Ich habe Talente und Fähigkeiten", erwiderte Anna selbstbewusst. „Ich kann kreativ sein und Menschen inspirieren!" Sie fühlte sich stärker bei jedem Wort.

„Und was ist mit all den Fehlern in der Vergangenheit? Die wirst du nie loswerden können", sagte er leise.

„Fehler sind Lernchancen! Ich werde aus ihnen wachsen", antwortete Anna fest entschlossen. „Ich lasse mich von dir nicht länger zurückhalten!"

Mit einem letzten Blick auf ihre Liste lächelte sie: Vielleicht war es an der Zeit, den inneren Kritiker als einen Teil ihrer Reise zu akzeptieren – aber nicht als ihren Führer.

3.3 Abendliche Reflexionen

Als die Dämmerung hereinbrach, saß Anna in ihrem Zimmer und betrachtete das sanfte Licht, das durch das Fenster fiel. Der Tag war lang gewesen, voller innerer Kämpfe und neuer Erkenntnisse. Sie hatte sich mit ihrem inneren Kritiker auseinandergesetzt und fühlte sich sowohl erschöpft als auch befreit.

„Was hast du heute gelernt?", fragte sie sich selbst laut, während sie auf ihr Notizbuch starrte. „Hast du wirklich Fortschritte gemacht?"

In diesem Moment klopfte es an der Tür. Es war Max, ihr bester Freund. „Hey, ich habe gehört, dass du heute einen großen Schritt gemacht hast", sagte er mit einem breiten Lächeln.

„Ja, ich habe versucht, mit meinem inneren Kritiker zu reden", antwortete Anna zögerlich. „Es war nicht einfach."

„Das kann ich mir vorstellen", erwiderte Max und setzte sich auf den Stuhl gegenüber von ihr. „Aber was hat er gesagt?"

- „Er hat mich daran erinnert, dass ich nicht gut genug bin."
- „Er hat meine Träume in Frage gestellt."
- „Aber ich habe ihm gesagt, dass Fehler Lernchancen sind."

Max nickte zustimmend. „Das ist wichtig! Du musst dir immer wieder ins Gedächtnis rufen, dass du mehr bist als deine Ängste."

Anna lächelte schwach. „Ich weiß es jetzt besser. Ich kann meine Gedanken kontrollieren und sie nicht mein Leben bestimmen lassen."

„Genau! Und denk daran: Jeder hat seine eigenen Kämpfe", fügte Max hinzu und lehnte sich zurück. „Es ist okay zu fühlen, was du fühlst."

"Ich denke oft darüber nach", gestand Anna nachdenklich. "Wie viele Menschen verstecken ihre Unsicherheiten hinter einer Fassade?" Sie sah aus dem Fenster in die Nacht hinein.

"Viel zu viele", bestätigte Max leise. "Aber wenn wir offen über unsere Ängste sprechen können, wird es leichter."

GT
POWE OF THE NOW

Annas Herz füllte sich mit Hoffnung. Vielleicht war der Weg zur Selbstakzeptanz ein langer Prozess – aber sie war bereit dafür.

4

Veränderung beginnt

4.1 Entscheidung für Achtsamkeit

Anna saß in ihrem kleinen, aber gemütlichen Café, umgeben von dem Duft frisch gebrühten Kaffees und dem leisen Murmeln der anderen Gäste. Ihr Blick wanderte über die Seiten des geheimnisvollen Buches, das sie vor kurzem entdeckt hatte. Die Worte über Achtsamkeit und Präsenz zogen sie in ihren Bann. „Max", begann sie zögerlich, „was bedeutet es wirklich, achtsam zu sein?"

Max, der gegenüber saß und einen Schluck aus seiner Tasse nahm, lächelte nachdenklich. „Achtsamkeit ist wie ein Anker in einem stürmischen Meer. Es hilft dir, im Moment zu bleiben und nicht von deinen Gedanken oder Sorgen mitgerissen zu werden."

„Aber wie kann ich das in meinem hektischen Leben umsetzen?", fragte Anna frustriert. „Jeden Tag fühle ich mich so verloren zwischen den Erwartungen meiner Arbeit und den Anforderungen des Lebens."

- **Bewusst atmen:** Nimm dir jeden Morgen fünf Minuten Zeit, um einfach nur zu atmen.

- **Achtsame Pausen:** Mache während des Arbeitstags kurze Pausen, um dich auf deine Umgebung zu konzentrieren.

- **Tagebuch führen:** Schreibe abends drei Dinge auf, für die du dankbar bist.

„Das klingt einfach", murmelte Anna skeptisch. „Aber wird es wirklich helfen?"

„Es geht nicht darum, alles sofort perfekt zu machen", antwortete Max sanft. „Es ist ein Prozess. Du musst bereit sein, kleine Schritte zu gehen." Er beugte sich vor und sah ihr direkt in die Augen. „Die Entscheidung für Achtsamkeit ist der erste Schritt zur Veränderung."

Annas Herz schlug schneller bei diesen Worten. Sie wusste tief im Inneren, dass sie etwas ändern musste – nicht nur für sich selbst, sondern auch für ihre Zukunft. Mit einem entschlossenen Nicken beschloss sie an diesem Tag: Sie würde die Herausforderung annehmen und sich auf den Weg zur Achtsamkeit begeben.

4.2 Erste Schritte der Veränderung

Die Entscheidung für Achtsamkeit war nur der erste Schritt, doch Anna wusste, dass sie nun handeln musste. Am nächsten Morgen saß sie wieder in ihrem Café, das Buch über Achtsamkeit vor sich. „Max", rief sie und winkte ihn herüber. „Ich habe darüber nachgedacht, was du gesagt hast. Ich möchte wirklich etwas ändern."

Max setzte sich zu ihr und lächelte ermutigend. „Das ist großartig! Was hast du im Sinn?"

„Ich denke, ich könnte mit dem Atmen beginnen", antwortete Anna zögerlich. „Aber ich bin mir nicht sicher, wie ich es in meinen Alltag integrieren soll."

- **Morgendliche Routine:** Beginne jeden Tag mit fünf Minuten bewusstem Atmen.
- **Achtsame Spaziergänge:** Nutze deine Mittagspause für einen kurzen Spaziergang ohne Ablenkungen.
- **Kreative Ausdrücke:** Probiere aus, deine Gedanken durch Zeichnen oder Schreiben auszudrücken.

„Das klingt nach einem soliden Plan", sagte Max und nickte zustimmend. „Es geht darum, kleine Veränderungen vorzunehmen und diese zu einer Gewohnheit werden zu lassen."

„Und was ist mit den stressigen Momenten?", fragte Anna besorgt. „Wie kann ich da achtsam bleiben?"

„In solchen Momenten ist es wichtig, innezuhalten", erklärte Max geduldig. „Wenn du dich gestresst fühlst, atme tief ein und zähle bis drei, bevor du reagierst. Das gibt dir Zeit zum Nachdenken."

Annas Augen leuchteten auf. „Das klingt machbar! Ich werde versuchen, das heute noch umzusetzen." Sie spürte eine neue Energie in sich aufsteigen – die Möglichkeit zur Veränderung war greifbar geworden.

„Denke daran", fügte Max hinzu, während er seine Tasse hob, „es ist ein Prozess. Sei geduldig mit dir selbst." Anna nickte entschlossen; sie war bereit für die Reise zur Achtsamkeit und wusste jetzt: Jeder kleine Schritt zählt.

4.3 Widerstand und Akzeptanz

Anna saß in ihrem Lieblingscafé, das Buch über Achtsamkeit lag offen vor ihr. Trotz ihrer Entschlossenheit spürte sie einen inneren Widerstand. „Max", begann sie zögerlich, „ich habe das Gefühl, dass ich gegen etwas ankämpfe, wenn ich versuche, achtsam zu sein."

Max schaute sie aufmerksam an. „Das ist ganz normal", antwortete er mit einem verständnisvollen Lächeln. „Widerstand ist oft ein Teil des Veränderungsprozesses. Was genau macht dir zu schaffen?"

„Ich habe Angst, dass ich nicht gut genug bin oder dass es nicht funktioniert", gestand Anna und spielte nervös mit ihrem Kaffeebecher.

- **Selbstzweifel:** Diese Gedanken können lähmend sein und den Fortschritt behindern.
- **Vergangenheit loslassen:** Alte Gewohnheiten sind schwer abzulegen; Akzeptanz ist der Schlüssel.
- **Achtsame Reflexion:** Nimm dir Zeit, um deine Gefühle zu erkennen und anzunehmen.

„Es ist wichtig, diese Gefühle zu akzeptieren", erklärte Max geduldig. „Anstatt gegen deinen Widerstand anzukämpfen, versuche ihn einfach wahrzunehmen. Was fühlst du in diesem Moment?"

„Ich fühle mich frustriert und unsicher", murmelte Anna. „Aber vielleicht sollte ich lernen, diese Emotionen als Teil des Prozesses zu sehen."

„Genau! Indem du deine Emotionen akzeptierst, schaffst du Raum für Wachstum", ermutigte Max sie weiter. „Denke daran: Veränderung geschieht nicht über Nacht."

Annas Augen leuchteten auf. „Also kann ich mir erlauben, unvollkommen zu sein? Das klingt befreiend!" Sie spürte eine Welle der Erleichterung durch ihren Körper strömen.

„Ja! Jeder Schritt zählt", sagte Max mit Nachdruck. „Akzeptiere die Herausforderungen als Teil deiner Reise zur Achtsamkeit." Anna nickte nachdenklich; sie wusste nun, dass Widerstand nicht das Ende bedeutete – es war lediglich ein weiterer Schritt auf dem Weg zur Selbstakzeptanz.

5

Tiefere Einsichten

5.1 Lektionen über das Selbst

In diesem Kapitel beginnt Anna, die tiefere Bedeutung ihrer Reise zu erkennen. Während sie mit Max in einem kleinen Café sitzt, umgeben von der geschäftigen Atmosphäre der Stadt, fragt er sie: „Was bedeutet es für dich, du selbst zu sein?"

Anna schaut nachdenklich aus dem Fenster und antwortet: „Ich habe das Gefühl, dass ich oft die Erwartungen anderer erfülle, anstatt meine eigenen Wünsche zu verfolgen." Sie seufzt und fährt fort: „Es ist, als ob ich in einem Käfig lebe, den ich selbst gebaut habe."

Max nickt verständnisvoll. „Vielleicht musst du lernen, diesen Käfig zu öffnen. Was hält dich zurück?"

- **Angst vor Ablehnung:** Anna erkennt, dass ihre Angst vor dem Urteil anderer sie oft lähmt.
- **Vergangenheit loslassen:** Sie muss sich von den Fehlern und Enttäuschungen der Vergangenheit befreien.
- **Sich selbst akzeptieren:** Der Weg zur Selbstakzeptanz ist entscheidend für ihr Wachstum.

„Ich denke, es ist die ständige Sorge darüber, was andere denken", gesteht Anna. „Ich möchte so sehr gemocht werden."

„Aber was ist mit deinen eigenen Bedürfnissen?", fragt Max sanft. „Du kannst nicht immer anderen gefallen und gleichzeitig glücklich sein."

Annas Augen leuchten auf. „Vielleicht sollte ich anfangen, mich selbst mehr zu schätzen. Ich habe so viele Träume und Wünsche – ich muss nur den Mut finden, ihnen nachzugehen."

Dabei wird ihr klar: Die Lektionen über das Selbst sind nicht nur philosophische Konzepte; sie sind praktische Werkzeuge für ihr tägliches Leben. Indem sie sich ihren Ängsten stellt und ihre innere Stimme hört, kann sie beginnen, ein authentisches Leben zu führen.

5.2 Begegnungen, die prägen

In den folgenden Tagen trifft Anna auf verschiedene Menschen, deren Geschichten und Perspektiven sie tief berühren. Eines Nachmittags sitzt sie in einem kleinen Buchladen, als eine ältere Frau neben ihr Platz nimmt. Die Frau hat ein warmes Lächeln und beginnt das Gespräch: „Es ist schön zu sehen, dass junge Leute Bücher lesen. Was interessiert dich besonders?"

„Ich suche nach Inspiration für mein Leben", antwortet Anna zögerlich. „Manchmal fühle ich mich verloren."

Die Frau nickt verständnisvoll. „Das kenne ich nur zu gut. In meinem Leben habe ich viele Wege ausprobiert, aber es waren die Begegnungen mit anderen, die mich wirklich geprägt haben."

- **Der Künstler:** Einmal traf sie einen leidenschaftlichen Maler, der ihr beibrachte, dass Kunst nicht perfekt sein muss – es geht darum, Gefühle auszudrücken.
- **Der Reisende:** Ein Abenteurer erzählte von seinen Reisen und wie wichtig es ist, neue Kulturen zu erleben und offen für Veränderungen zu sein.
- **Die Lehrerin:** Eine inspirierende Lehrerin zeigte ihr den Wert des Lernens aus Fehlern und der ständigen Selbstverbesserung.

Annas Augen leuchten auf. „Wie haben diese Begegnungen Ihr Leben verändert?" fragt sie neugierig.

„Jede dieser Personen hat mir etwas beigebracht", erklärt die Frau mit einem sanften Lächeln. „Sie haben mir geholfen, meine Ängste abzubauen und mutiger zu werden."

Anna denkt über ihre eigenen Erfahrungen nach und erkennt: Auch sie hat Menschen getroffen, die ihren Weg beeinflusst haben – sei es durch kleine Gesten oder tiefgründige Gespräche.

"Vielleicht sollte ich offener für solche Begegnungen sein", murmelt Anna nachdenklich. "Jede Person könnte mir etwas Neues lehren." Die ältere Frau nickt zustimmend und sagt: „Genau! Man weiß nie, woher die nächste wichtige Lektion kommt."

5.3 Neue Perspektiven

In den folgenden Tagen spürt Anna eine wachsende Neugier, die sie dazu bringt, neue Perspektiven zu suchen. Eines Morgens beschließt sie, ein Café zu besuchen, das für seine kreative Atmosphäre bekannt ist. Dort trifft sie auf Max, einen jungen Schriftsteller, der an einem Manuskript arbeitet.

„Was schreibst du?", fragt Anna interessiert und setzt sich an seinen Tisch.

„Es ist eine Geschichte über Selbstfindung", antwortet Max mit einem Lächeln. „Ich glaube, jeder hat seine eigene Reise und es ist wichtig, diese zu teilen."

Anna nickt nachdenklich. „Ich habe das Gefühl, dass ich noch nicht ganz weiß, wer ich bin."

- **Der Dialog:** Max ermutigt Anna dazu, ihre Gedanken aufzuschreiben. „Manchmal hilft es, die eigenen Gefühle zu Papier zu bringen. Du wirst überrascht sein, was du dabei entdeckst."

- **Die Inspiration:** Er erzählt von einer Begegnung mit einer alten Frau in einem Park, die ihm riet: „Schau dir die Welt durch die Augen anderer an – das wird deine Sichtweise verändern."

- **Die Herausforderung:** Max fordert Anna heraus: „Versuche doch mal, einen Tag lang nur zuzuhören und nicht zu sprechen. Du wirst sehen, wie viel du lernen kannst."

Annas Augen leuchten auf. „Das klingt spannend! Ich habe nie darüber nachgedacht, wie viel ich verpasse, wenn ich immer nur rede."

„Genau! Jeder Mensch hat eine Geschichte", sagt Max begeistert. „Wenn wir uns öffnen und zuhören, können wir so viel voneinander lernen."

An diesem Tag verlässt Anna das Café mit einem neuen Gefühl der Entschlossenheit. Sie beschließt, aktiv nach neuen Begegnungen zu suchen und ihre eigenen Erfahrungen in Worte zu fassen.

6

Herausforderungen des Alltags

6.1 Konfrontation im Büro

Der Tag begann wie jeder andere im Büro, doch für Anna war alles anders. Sie hatte sich entschlossen, ihre innere Stimme zu hören und die Herausforderungen des Alltags mit neuer Achtsamkeit anzugehen. Als sie das Büro betrat, spürte sie sofort die angespannte Atmosphäre. Ihre Kollegin Lisa stand am Kopierer und murmelte verärgert: „Kann nicht einmal jemand diesen alten Kram reparieren?"

„Guten Morgen, Lisa", sagte Anna freundlich und versuchte, die negative Energie abzubauen. „Hast du schon versucht, ihn auszuschalten und wieder einzuschalten?"

„Das hilft nicht! Es ist einfach frustrierend", erwiderte Lisa scharf. „Und dann gibt es da noch das Projekt von Herrn Müller..."

Anna wusste, dass sie sich der Herausforderung stellen musste. Herr Müller hatte hohe Erwartungen an das Team und drängte auf Ergebnisse. „Ich verstehe deinen Frust", sagte Anna sanft. „Aber vielleicht können wir gemeinsam eine Lösung finden? Lass uns einen Plan machen."

In diesem Moment trat Max ein, Annas bester Freund und Vertrauter. Er bemerkte sofort die angespannte Stimmung und fragte: „Was ist los? Ich habe gehört, dass es hier drunter und drüber geht."

„Es ist alles so überwältigend", seufzte Lisa. „Wir haben keine Zeit für kreative Ideen!"

„Doch genau das brauchen wir jetzt", entgegnete Max energisch. „Lasst uns eine Brainstorming-Session abhalten! Vielleicht können wir neue Ansätze finden."

Anna nickte zustimmend: „Ja! Lasst uns unsere Gedanken sammeln und sehen, was wir erreichen können." Sie spürte, wie sich die Anspannung im Raum langsam löste.

An diesem Tag lernte Anna nicht nur etwas über ihre Kollegen, sondern auch über sich selbst: Die Kraft der Gegenwart kann selbst in stressigen Situationen Frieden bringen.

- **Achtsamkeit:** Die Fähigkeit, den Moment bewusst wahrzunehmen.
- **Kreativität:** Neue Lösungen durch Zusammenarbeit entwickeln.
- **Unterstützung:** Gemeinsam Herausforderungen meistern.

- **Achtsamkeit:** Die Fähigkeit, den Moment bewusst wahrzunehmen.
- **Kreativität:** Neue Lösungen durch Zusammenarbeit entwickeln.
- **Unterstützung:** Gemeinsam Herausforderungen meistern.

6.2 Unterstützung von Freunden

Die Sonne schien durch das Fenster, als Anna sich mit Max in ihrem Lieblingscafé traf. Der Stress im Büro hatte sie stark belastet, und sie wusste, dass sie die Unterstützung ihrer Freunde brauchte, um wieder zu sich selbst zu finden.

„Ich fühle mich einfach überfordert", gestand Anna und rührte in ihrem Kaffee. „Es ist, als ob alles gleichzeitig auf mich einprasselt."

Max nickte verständnisvoll. „Das kenne ich nur zu gut. Manchmal hilft es, einfach darüber zu reden. Was genau macht dir am meisten zu schaffen?"

„Die ständigen Anforderungen von Herrn Müller und die Unruhe im Team", erklärte Anna weiter. „Ich habe das Gefühl, dass ich nicht genug leiste."

„Du bist nicht allein", sagte Max ermutigend. „Wir alle haben unsere Kämpfe. Denk daran, wie oft du mir geholfen hast, wenn ich Schwierigkeiten hatte."

- **Freundschaft:** Ein sicherer Raum für offene Gespräche.
- **Verständnis:** Gemeinsame Erfahrungen teilen.
- **Austausch:** Neue Perspektiven gewinnen durch Dialog.

Annas Augen leuchteten auf. „Das stimmt! Ich erinnere mich an die Zeiten, als du mir bei meinen Projekten geholfen hast." Sie fühlte sich erleichtert und gestärkt durch die Erinnerung an ihre gemeinsamen Erlebnisse.

„Lass uns einen Plan machen", schlug Max vor. „Wir könnten eine kleine Gruppe im Büro bilden, um Ideen auszutauschen und uns gegenseitig zu unterstützen."

„Das klingt großartig! Vielleicht können wir auch regelmäßige Treffen einrichten", erwiderte Anna begeistert. „So bleibt jeder motiviert und wir können gemeinsam Lösungen finden."

Dank der Unterstützung ihres Freundes spürte Anna eine Welle der Zuversicht in sich aufsteigen. Sie wusste jetzt, dass sie nicht alleine war und dass Freundschaft eine wertvolle Quelle der Stärke sein kann – besonders in herausfordernden Zeiten.

6.3 Selbstzweifel am Abend

Der Abend war hereingebrochen, und Anna saß allein in ihrem Zimmer, umgeben von der Stille, die nur durch das leise Ticken der Wanduhr unterbrochen wurde. Die Gedanken kreisten unaufhörlich in ihrem Kopf, während sie versuchte, den Tag Revue passieren zu lassen. „Warum habe ich nicht einfach Nein gesagt?", murmelte sie vor sich hin und starrte auf ihren Laptop, der noch immer die unerledigten Aufgaben anzeigte.

Plötzlich klopfte es an der Tür. Es war Max, der mit einem besorgten Blick eintrat. „Hey, alles in Ordnung? Du wirkst nachdenklich."

„Ich weiß nicht", antwortete Anna zögernd. „Ich fühle mich so unsicher über meine Entscheidungen im Büro. Ich habe das Gefühl, dass ich ständig hinterherhinke."

Max setzte sich neben sie und schaute sie direkt an. „Das ist normal, besonders wenn man viel Verantwortung hat. Was genau macht dir am meisten zu schaffen?"

„Es sind diese ständigen Vergleiche mit meinen Kollegen", gestand Anna und ließ ihren Kopf sinken. „Ich sehe ihre Erfolge und frage mich, ob ich jemals so weit kommen werde."

- **Selbstkritik:** Der innere Kritiker kann überwältigend sein.
- **Vergleich:** Jeder hat seinen eigenen Weg; das sollte man nicht vergessen.
- **Austausch:** Offene Gespräche können helfen, Perspektiven zu ändern.

„Du bist einzigartig in dem, was du tust", sagte Max sanft. „Denk daran, wie viele Menschen du bereits inspiriert hast." Annas Augen funkelten kurz auf bei diesen Worten.

„Vielleicht hast du recht", erwiderte sie nachdenklich. „Aber manchmal fühlt es sich einfach so an, als ob ich nicht genug bin."

Max legte eine Hand auf ihre Schulter. „Wir alle haben unsere Zweifel – aber lass dich davon nicht entmutigen! Vielleicht sollten wir gemeinsam einen Plan entwickeln oder sogar ein paar Ziele setzen."

Annas Herz fühlte sich leichter an bei dem Gedanken an Unterstützung und Zusammenarbeit. Sie wusste jetzt: Selbstzweifel sind Teil des Lebens, aber mit Freunden an ihrer Seite konnte sie diese Herausforderungen meistern.

7

Die Kraft der Gegenwart

7.1 Praktizieren der Gegenwärtigkeit

Anna saß in ihrem kleinen, aber gemütlichen Café, umgeben von dem sanften Murmeln der anderen Gäste und dem verlockenden Duft frisch gebrühten Kaffees. Sie hatte sich vorgenommen, heute bewusst zu sein – die Gegenwart zu praktizieren. Max setzte sich ihr gegenüber und lächelte ermutigend.

„Wie fühlt es sich an, hier zu sein?", fragte er und nippte an seinem Latte.

„Es ist… anders", antwortete Anna nachdenklich. „Normalerweise denke ich an all die Dinge, die ich noch erledigen muss."

„Genau das ist der Punkt!", rief Max begeistert aus. „Versuche einfach, jeden Moment zu erleben. Lass die Gedanken kommen und gehen."

- **Atemübungen:** Anna schloss für einen Moment die Augen und konzentrierte sich auf ihren Atem. Sie spürte, wie ihre Schultern sich entspannten.
- **Sinneswahrnehmung:** Sie öffnete die Augen wieder und betrachtete den bunten Teller mit Gebäck auf dem Tisch nebenan. Die Farben waren lebendig, fast hypnotisierend.
- **Dankbarkeit:** „Ich bin dankbar für diesen Moment", murmelte sie leise.

Max nickte zustimmend. „Das ist ein guter Anfang! Achtsamkeit bedeutet auch, Dankbarkeit für kleine Dinge zu empfinden."

Annas innere Kritikerin meldete sich: „Aber was bringt das alles? Du hast immer noch keine Lösung für deine Probleme gefunden."

„Hör nicht auf sie", sagte Max sanft. „Die Lösungen kommen oft dann, wenn wir uns erlauben, einfach nur zu sein."

Anna atmete tief ein und ließ den Gedanken los. Sie beobachtete eine Gruppe von Kindern am Tisch nebenan; ihr Lachen war ansteckend und erfüllte den Raum mit Freude.

„Siehst du? Das ist Präsenz", erklärte Max weiter. „Es geht darum, im Hier und Jetzt zu leben – ohne Ablenkungen."

"Ich verstehe", sagte Anna langsam und fühlte eine Welle der Erleichterung durch ihren Körper strömen. "Es ist befreiend."

Anna atmete tief ein und ließ den Gedanken los. Sie beobachtete eine Gruppe von Kindern am Tisch nebenan; ihr Lachen war ansteckend und erfüllte den Raum mit Freude.

„Siehst du? Das ist Präsenz", erklärte Max weiter. „Es geht darum, im Hier und Jetzt zu leben – ohne Ablenkungen."

"Ich verstehe", sagte Anna langsam und fühlte eine Welle der Erleichterung durch ihren Körper strömen. "Es ist befreiend."

7.2 Kleine Siege des Alltags

Anna saß wieder in ihrem Café, das Licht der Nachmittagssonne fiel sanft durch die Fenster und tauchte den Raum in ein warmes Glühen. Heute war sie entschlossen, die kleinen Siege des Alltags zu feiern. Max hatte ihr geraten, sich auf die positiven Aspekte ihres Lebens zu konzentrieren, und sie wollte es ausprobieren.

„Was hast du heute erreicht?", fragte Max neugierig, während er seinen Kaffee umrührte.

„Nun", begann Anna zögernd, „ich habe es geschafft, früh aufzustehen und eine halbe Stunde Yoga zu machen."

„Das ist großartig!", rief Max begeistert aus. „Yoga ist nicht nur gut für den Körper, sondern auch für den Geist."

- **Kleine Erfolge:** Anna lächelte. „Ich habe auch meine Pflanzen gegossen und sogar ein paar Unkräuter im Garten entfernt."

- **Achtsamkeit im Alltag:** „Und ich habe beim Einkaufen darauf geachtet, frisches Obst auszuwählen."

- **Dankbarkeit zeigen:** „Ich habe meiner Nachbarin geholfen, ihre Einkäufe nach Hause zu tragen."

Max nickte zustimmend. „Jeder dieser kleinen Siege zählt! Sie sind wie Bausteine für dein Wohlbefinden."

Annas Gesicht leuchtete auf. „Es fühlt sich wirklich gut an, darüber nachzudenken. Manchmal vergesse ich einfach die kleinen Dinge."

„Genau!", sagte Max mit einem Lächeln. „Wenn wir uns auf das Positive konzentrieren, wird unser Leben reicher und erfüllter."

Anna beobachtete einen älteren Mann am Tisch nebenan; er las ein Buch und schien völlig in seine Welt vertieft zu sein. Sie dachte daran, wie wichtig es ist, solche Momente der Ruhe zu schätzen.

„Ich werde versuchen, jeden Tag mindestens einen kleinen Sieg zu erkennen", versprach sie entschlossen.

„Das ist der Geist!", antwortete Max begeistert. „Lass uns gemeinsam diese kleinen Siege feiern!"

7.3 Das Gespräch mit dem Mentor

Anna saß in einem kleinen, gemütlichen Raum, der von warmem Licht durchflutet war. Ihr Mentor, Herr Schneider, ein älterer Mann mit grauen Haaren und einem freundlichen Lächeln, hatte sie eingeladen, um über ihre Fortschritte zu sprechen. Sie fühlte sich nervös, aber auch aufgeregt.

„Ich habe gehört, dass du die kleinen Siege des Alltags feierst", begann Herr Schneider und lehnte sich entspannt zurück. „Wie läuft es damit?"

„Es ist erstaunlich!", antwortete Anna enthusiastisch. „Ich habe angefangen, jeden Tag bewusst nach positiven Momenten zu suchen."

„Das ist ein wichtiger Schritt", nickte er zustimmend. „Was hast du heute als deinen kleinen Sieg betrachtet?"

- **Achtsamkeit:** „Heute Morgen habe ich beim Frühstück wirklich genossen, wie der Kaffee roch und schmeckte."

- **Dankbarkeit:** „Und ich habe meiner Freundin eine Nachricht geschickt, um ihr für ihre Unterstützung zu danken."

- **Kreativität:** „Außerdem habe ich ein neues Rezept ausprobiert – es hat zwar nicht perfekt geklappt, aber ich hatte Spaß dabei!"

Herr Schneider lächelte weise. „Jeder dieser Momente trägt zu deinem Wohlbefinden bei. Es sind die kleinen Dinge im Leben, die oft den größten Unterschied machen."

„Manchmal vergesse ich das", gestand Anna und senkte den Blick. „Ich fühle mich oft überwältigt von meinen Zielen."

„Das ist normal", sagte er sanft. „Aber denk daran: Der Weg zum Ziel besteht aus vielen kleinen Schritten. Feiere jeden einzelnen davon!"

Annas Augen leuchteten auf. „Du hast recht! Ich werde versuchen, noch bewusster zu sein."

„Und vergiss nicht," fügte Herr Schneider hinzu, während er einen Stift zückte und Notizen machte, „dass Rückschläge ebenfalls Teil des Prozesses sind. Sie helfen dir zu wachsen."

„Danke für deine Weisheit", sagte Anna dankbar und spürte eine Welle der Ermutigung in sich aufsteigen.

NOW

8

Annas Transformation

8.1 Wachsendes Selbstvertrauen

In den letzten Wochen hatte Anna eine bemerkenswerte Veränderung durchgemacht. Ihr innerer Kritiker, der sie so lange gequält hatte, begann langsam zu verstummen. „Ich kann das nicht", hatte sie oft gedacht, doch jetzt stellte sie fest, dass diese Gedanken nicht mehr die Kontrolle über ihr Leben hatten.

„Du bist stärker, als du denkst", sagte Max eines Abends, während sie in einem kleinen Café saßen und über ihre Fortschritte sprachen. „Jeder Schritt, den du machst, ist ein Schritt in die richtige Richtung." Anna lächelte und fühlte sich ermutigt. „Es fühlt sich an, als würde ich endlich anfangen zu leben", gestand sie.

Die Gespräche mit Max waren für Anna von unschätzbarem Wert geworden. Er half ihr nicht nur dabei, ihre Ängste zu konfrontieren, sondern auch ihre Stärken zu erkennen. „Was hast du heute getan, um dir selbst zu zeigen, dass du es wert bist?", fragte er sie oft.

- Sie meldete sich für einen Achtsamkeitskurs an.

- Sie begann täglich zu meditieren und kleine Momente der Stille in ihren Alltag einzubauen.

- Sie setzte sich Ziele – kleine und erreichbare – um ihr Selbstvertrauen weiter aufzubauen.

Eines Tages stand Anna vor dem Spiegel und betrachtete sich selbst. „Ich bin genug", flüsterte sie leise. Diese einfache Aussage war ein Wendepunkt für sie. Sie wusste nun, dass ihr Wert nicht von äußeren Erfolgen abhing.

Mit jedem Tag wuchs Annas Selbstvertrauen weiter. Sie begann sogar neue Herausforderungen anzunehmen – sei es im Beruf oder im persönlichen Leben. Die Angst vor dem Scheitern schwand allmählich und machte Platz für eine neue Zuversicht: die Gewissheit, dass jeder Fehler eine Lektion war und kein Grund zur Scham.

8.2 Rückfall und Realisierung

Die letzten Wochen waren für Anna eine Zeit des Wachstums, doch plötzlich fühlte sie sich wieder in alte Muster zurückgezogen. An einem regnerischen Nachmittag saß sie allein in ihrem Zimmer und starrte auf den Bildschirm ihres Laptops. „Ich kann das nicht", murmelte sie, während die Zweifel wie Schatten über ihr schwebten.

Max hatte sie gewarnt, dass es Rückschläge geben würde. „Es ist normal, Anna", hatte er gesagt. „Der Weg zur Veränderung ist selten geradlinig." Doch jetzt, wo die Ängste zurückkamen, fühlte sich alles an wie ein Schritt zurück ins Dunkel.

„Was ist los?", fragte ihre beste Freundin Lisa am Telefon. „Du klingst so niedergeschlagen." Anna seufzte tief. „Ich habe das Gefühl, ich bin wieder am Anfang. Alles, was ich erreicht habe, scheint nichts wert zu sein."

„Das sind nur Gedanken", versuchte Lisa sie zu beruhigen. „Denk daran, was du alles geschafft hast! Du bist nicht die gleiche Person wie vor ein paar Monaten."

- Sie erinnerte sich an ihre Fortschritte: den Achtsamkeitskurs und die täglichen Meditationen.
- Sie dachte an die kleinen Ziele, die sie erreicht hatte.
- Und an den Moment im Spiegel: „Ich bin genug".

„Vielleicht hast du recht", gab Anna schließlich zu. „Aber es fühlt sich so überwältigend an."

„Lass uns treffen und darüber reden", schlug Lisa vor. Als sie sich trafen, spürte Anna sofort eine Erleichterung in Lisas Gegenwart. Sie redeten über ihre Ängste und Zweifel; es war befreiend, nicht allein zu sein.

"Rückfälle sind Teil des Prozesses", erklärte Lisa sanft. "Es geht darum, wie du darauf reagierst." Diese Worte hallten in Annas Kopf wider und halfen ihr zu realisieren: Es war nicht der Rückfall selbst, der zählte, sondern die Fähigkeit aufzustehen und weiterzumachen.

Mit dieser neuen Perspektive begann Anna erneut an ihrem Selbstvertrauen zu arbeiten – diesmal mit dem Wissen um ihre Verletzlichkeit und Stärke zugleich.

8.3 Festigung der neuen Ich

Die Wochen nach dem Rückfall waren für Anna eine Zeit der Reflexion und des Neuanfangs. Sie hatte sich entschlossen, ihre Fortschritte nicht nur zu erkennen, sondern sie auch aktiv zu festigen. „Ich möchte, dass du mir hilfst, meine neuen Gewohnheiten zu stärken", sagte sie eines Abends zu Max, während sie in ihrem Lieblingscafé saßen.

„Das klingt nach einem Plan", antwortete Max mit einem Lächeln. „Was hast du im Sinn?"

Anna überlegte kurz und begann dann: „Ich denke, ich sollte mehr Achtsamkeit in meinen Alltag integrieren. Vielleicht könnten wir zusammen meditieren oder einen wöchentlichen Spaziergang machen?"

- Max nickte zustimmend. „Das ist eine großartige Idee! Achtsamkeit kann dir helfen, im Moment zu bleiben."

- „Und ich möchte auch meine Erfolge dokumentieren", fügte Anna hinzu. „Ein Journal könnte mir helfen, meine Gedanken und Fortschritte festzuhalten."

- „Das wird dir sicher helfen, dich selbst besser kennenzulernen", meinte Max.

An einem sonnigen Samstagmorgen trafen sich Anna und Lisa im Park. „Wie läuft es mit deinem Journal?", fragte Lisa neugierig.

„Es ist befreiend! Ich schreibe jeden Tag drei Dinge auf, für die ich dankbar bin", erklärte Anna begeistert. „Es hilft mir wirklich dabei, mich auf das Positive zu konzentrieren."

„Das klingt toll! Und wie geht es dir mit den Meditationen?", erkundigte sich Lisa weiter.

„Ich habe festgestellt, dass ich ruhiger werde und besser mit Stress umgehen kann", gestand Anna. „Es ist ein Prozess, aber ich fühle mich stärker als je zuvor."

Mit jeder positiven Erfahrung festigte sich Annas neues Ich. Sie lernte nicht nur aus ihren Rückschlägen, sondern baute auch ein starkes Fundament für ihre Zukunft auf – eines voller Hoffnung und Selbstvertrauen.

9

Beziehungen neu bewerten

9.1 Familienfeier mit neuen Augen

Die Vorfreude auf die bevorstehende Familienfeier war in der Luft spürbar, doch Anna fühlte sich unruhig. Sie hatte sich vorgenommen, die Veranstaltung mit einem neuen Blickwinkel zu betrachten – als eine Gelegenheit zur Selbstreflexion und zum Austausch. Als sie das Haus ihrer Eltern betrat, wurde sie von den vertrauten Gerüchen von frisch gebackenem Brot und dem Klang fröhlichen Gelächters empfangen.

„Anna! Du bist endlich da!" rief ihre Mutter, während sie sie umarmte. „Wir haben dich schon vermisst."

„Ich habe auch viel über unsere Familie nachgedacht", antwortete Anna und lächelte nervös. „Ich möchte versuchen, die Dinge anders zu sehen."

Max, der ihr treu zur Seite stand, nickte zustimmend. „Das ist eine großartige Idee! Lass uns die Gespräche führen, die wir sonst vermeiden."

- **Onkel Peter:** „Was machst du beruflich? Immer noch im Marketing?"
- **Tante Lisa:** „Hast du nicht mal gesagt, dass du etwas ganz anderes machen möchtest?"
- **Cousin Tim:** „Wie wäre es mit einer Reise? Das könnte dir helfen!"

Anstatt sich zurückzuziehen oder defensiv zu reagieren, atmete Anna tief durch und sagte: „Ja, ich arbeite immer noch im Marketing, aber ich fühle mich oft verloren dabei. Ich suche nach mehr Sinn in meinem Leben." Die ehrliche Antwort überraschte alle.

Tante Lisa sah sie an und erwiderte: „Es ist nie zu spät für Veränderungen. Wir alle haben unsere Kämpfe." Diese Worte öffneten ein neues Gespräch über Träume und Ängste innerhalb der Familie.

„Vielleicht sollten wir öfter solche Gespräche führen", schlug Max vor. „Es könnte uns helfen, uns besser zu verstehen." Die anderen stimmten ihm zu und bald entstand eine Atmosphäre des Vertrauens.

An diesem Abend erkannte Anna, dass jede Beziehung – ob familiär oder freundschaftlich – Raum für Wachstum bot. Mit neuen Augen betrachtete sie nicht nur ihre Familie, sondern auch sich selbst.

9.2 Klärende Gespräche

„Ich denke, wir sollten uns nicht nur auf die positiven Aspekte konzentrieren", begann Anna. „Es gibt auch Dinge, die unausgesprochen bleiben und uns belasten."

Max nickte zustimmend. „Das stimmt. Vielleicht sollten wir ein paar Fragen aufschreiben, um sicherzustellen, dass wir alles ansprechen."

- **Was sind unsere größten Ängste?**
- **Gibt es Missverständnisse zwischen uns?**
- **Wie können wir uns gegenseitig besser unterstützen?**

Mit diesen Fragen im Hinterkopf versammelten sie die Familie im Garten. Die Sonne schien warm auf ihre Gesichter und schuf eine entspannte Atmosphäre.

„Ich möchte etwas ansprechen", begann Onkel Peter zögerlich. „Ich habe oft das Gefühl, dass ich nicht gehört werde."

Tante Lisa schaute ihn überrascht an. „Das wusste ich nicht! Ich dachte immer, du bist zufrieden mit dem, was du tust."

„Es ist komplizierter als das", antwortete Peter und sah Anna direkt an. „Manchmal fühle ich mich wie ein Außenseiter in unserer eigenen Familie."

Anna fühlte sich berührt von seiner Offenheit und sagte: „Wir alle haben unsere Kämpfe. Es ist wichtig für uns zu wissen, wie es dir geht."

Cousin Tim fügte hinzu: „Vielleicht sollten wir regelmäßige Familientreffen einführen – einfach um ehrlich miteinander zu sein."

Bald entwickelte sich eine lebhafte Diskussion über persönliche Herausforderungen und unerfüllte Wünsche. Jeder sprach offen über seine Gefühle und Ängste.

An diesem Tag wurde klar: Klärende Gespräche waren der Schlüssel zu einem tieferen Verständnis innerhalb der Familie. Anna erkannte, dass diese Offenheit nicht nur Beziehungen stärkt, sondern auch Raum für Heilung schafft.

9.3 Nähe zulassen

Nachdem die klärenden Gespräche in der Familie eine neue Offenheit geschaffen hatten, spürte Anna, dass es an der Zeit war, auch die Nähe zueinander zuzulassen. Sie setzte sich mit Max auf die Terrasse und beobachtete, wie die Sonne langsam hinter den Bäumen verschwand.

„Weißt du", begann Anna nach einer Weile, „ich habe das Gefühl, dass wir oft Angst haben, uns wirklich nahe zu kommen."

Max nickte nachdenklich. „Ja, ich denke, wir schützen uns selbst vor Verletzungen. Aber was wäre, wenn wir diese Mauern einreißen?"

- **Was hindert uns daran, Nähe zuzulassen?**
- **Wie können wir Vertrauen aufbauen?**
- **Welche kleinen Schritte könnten wir unternehmen?**

„Vielleicht sollten wir einfach anfangen", schlug Anna vor. „Kleine Gesten der Zuneigung könnten helfen."

In diesem Moment kam Tante Lisa vorbei und hörte das Gespräch. „Ich finde es großartig, dass ihr darüber sprecht! Manchmal ist es so einfach – ein Umarmung oder ein ehrliches Kompliment kann Wunder wirken."

Cousin Tim gesellte sich dazu und fügte hinzu: „Ich habe immer gedacht, dass Nähe etwas ist, das man nur mit Freunden hat. Aber in der Familie sollte es genauso sein."

Anna lächelte und sagte: „Lasst uns doch einen Familienabend planen – ohne Handys und Ablenkungen. Nur wir und unsere Geschichten."

Bald darauf waren alle versammelt und teilten ihre Gedanken über Nähe und Verbundenheit. Onkel Peter sprach offen über seine Unsicherheiten: „Ich habe oft das Gefühl gehabt, nicht genug zu sein für euch alle."

Tante Lisa legte ihm beruhigend die Hand auf den Arm. „Das stimmt nicht! Wir sind hier für dich – lass uns gemeinsam wachsen."

An diesem Abend wurde klar: Nähe zulassen bedeutete nicht nur physische Präsenz, sondern auch emotionale Offenheit. Die Familie erkannte, dass sie durch diese neuen Verbindungen stärker werden konnte.

10

Berufliche Wendepunkte

10.1 Mutige Vorschläge im Meeting

Das Meeting war in vollem Gange, als Anna sich entschloss, ihre Stimme zu erheben. Die Atmosphäre war angespannt; die Kollegen schauten auf ihre Notizen, während der Teamleiter, Herr Müller, die neuesten Marketingstrategien präsentierte. Anna fühlte das Gewicht ihrer eigenen Unsicherheiten, doch eine innere Stimme drängte sie dazu, mutig zu sein.

„Ich denke, wir sollten über den Tellerrand hinausblicken", begann sie und spürte sofort die Blicke ihrer Kollegen auf sich gerichtet. „Was wäre, wenn wir anstelle der üblichen Werbekampagnen etwas Unkonventionelles ausprobieren? Vielleicht ein interaktives Event oder eine Social-Media-Challenge?"

Max saß neben ihr und nickte zustimmend. „Das könnte wirklich frischen Wind bringen! Wir könnten unsere Zielgruppe direkt einbeziehen und so mehr Engagement erzeugen."

Herr Müller runzelte die Stirn. „Das klingt interessant, aber wie genau stellen Sie sich das vor?"

- „Wir könnten eine Challenge ins Leben rufen, bei der Nutzer ihre eigenen kreativen Ideen einreichen", schlug Anna vor.
- „Und wir könnten die besten Vorschläge mit Preisen belohnen", fügte Max hinzu.
- „So schaffen wir nicht nur Inhalte, sondern auch eine Community rund um unsere Marke", ergänzte Anna mit neu gewonnener Zuversicht.

Ein Kollege meldete sich zu Wort: „Aber was ist mit dem Budget? Solche Aktionen können teuer werden."

Anna atmete tief durch und antwortete: „Wir könnten Sponsoren gewinnen oder Partnerschaften eingehen. Es gibt viele Möglichkeiten!" Ihre Stimme klang fester als zuvor.

Als das Meeting schließlich endete, lächelte Max sie an. „Du hast es geschafft! Das war großartig!"

Die Diskussion nahm Fahrt auf; andere Teammitglieder begannen ebenfalls Ideen einzubringen. Der Raum füllte sich mit Energie und Kreativität. Anna fühlte sich lebendig – es war der erste Schritt in Richtung ihres wahren Ichs.

Die Diskussion nahm Fahrt auf; andere Teammitglieder begannen ebenfalls Ideen einzubringen. Der Raum füllte sich mit Energie und Kreativität. Anna fühlte sich lebendig – es war der erste Schritt in Richtung ihres wahren Ichs.

10.2 Anerkennung und Kritik

Nach dem Meeting fühlte sich Anna wie auf Wolken. Die positive Resonanz ihrer Kollegen war ein willkommener Schub für ihr Selbstbewusstsein. Doch während sie in der Kaffeeküche stand, um sich einen Moment der Ruhe zu gönnen, kam Herr Müller auf sie zu.

„Anna, ich wollte dir noch einmal zu deinem Vorschlag gratulieren", begann er mit einem Lächeln. „Es ist nicht einfach, im Team neue Ideen einzubringen."

„Danke, Herr Müller! Es hat mir wirklich Spaß gemacht, meine Gedanken zu teilen", antwortete Anna und spürte ein warmes Gefühl der Anerkennung in ihrem Inneren.

Doch dann fügte er hinzu: „Aber ich möchte auch anmerken, dass wir bei solchen unkonventionellen Ansätzen vorsichtig sein müssen. Es gibt Risiken."

Anna nickte verständnisvoll. „Das verstehe ich vollkommen. Aber manchmal sind es gerade die Risiken, die uns voranbringen können."

- „Wir sollten eine klare Strategie entwickeln", schlug Herr Müller vor.
- „Und vielleicht eine kleine Testphase einführen?" ergänzte Anna schnell.
- „So können wir sehen, ob das Konzept funktioniert, bevor wir größere Ressourcen investieren", fügte er hinzu.

In diesem Moment trat Max hinzu und hörte das Gespräch mit an. „Ich denke, es ist wichtig, sowohl Anerkennung als auch konstruktive Kritik anzunehmen", sagte er und sah zwischen Anna und Herrn Müller hin und her.

„Genau! Ich bin bereit für Feedback", erwiderte Anna entschlossen. „Es hilft mir zu wachsen."

Max lächelte: „Das ist die richtige Einstellung! Wir alle lernen voneinander."

Aber nicht jeder war so positiv gestimmt. Ein Kollege aus einer anderen Abteilung hatte bereits seine Bedenken geäußert: „Unkonventionelle Ideen sind schön und gut, aber was ist mit den Zahlen? Wir müssen Ergebnisse liefern!"

Die Diskussion setzte sich fort; jeder brachte seine Perspektiven ein und half dabei, Annas Idee weiterzuentwickeln – eine wertvolle Lektion über die Balance von Anerkennung und konstruktiver Kritik.

Annas Herz sank kurz; dennoch wusste sie, dass Kritik oft eine Chance zur Verbesserung bot. Sie atmete tief durch und sagte: „Ich verstehe die Bedenken. Lassen Sie uns gemeinsam an einem Plan arbeiten, der sowohl kreativ als auch messbar ist.“

Annas Herz sank kurz; dennoch wusste sie, dass Kritik oft eine Chance zur Verbesserung bot. Sie atmete tief durch und sagte: „Ich verstehe die Bedenken. Lassen Sie uns gemeinsam an einem Plan arbeiten, der sowohl kreativ als auch messbar ist.“

10.3 Entscheidung für die Zukunft

Die Tage nach dem Meeting waren für Anna von intensiven Überlegungen geprägt. Sie wusste, dass ihre Idee Potenzial hatte, aber die Bedenken ihrer Kollegen schwebten wie ein Schatten über ihr. Eines Nachmittags saß sie in ihrem Büro und starrte auf den Bildschirm, als Max hereinkam.

„Hey Anna, hast du schon über das Feedback nachgedacht?" fragte er und setzte sich auf die Kante ihres Schreibtisches.

„Ja, ich habe viel darüber nachgedacht", antwortete sie und seufzte. „Ich möchte wirklich etwas bewegen, aber ich mache mir Sorgen um die Risiken."

Max nickte verständnisvoll. „Das ist normal. Aber denk daran: **Risiken sind oft der Schlüssel zu Innovationen.** Wenn wir immer nur auf Nummer sicher gehen, stagnieren wir."

„Du hast recht", erwiderte Anna und fühlte sich ermutigt. „Vielleicht sollte ich einen detaillierten Plan ausarbeiten, der sowohl kreative als auch messbare Elemente enthält."

- „Eine klare Zielsetzung definieren", schlug Max vor.
- „Und eine Analyse der möglichen Risiken durchführen", ergänzte Anna.
- „Wir könnten auch eine Umfrage im Team machen, um weitere Meinungen einzuholen", fügte Max hinzu.

Annas Augen leuchteten auf. „Das klingt nach einem soliden Ansatz! Ich könnte auch einige Daten sammeln, um unsere Argumente zu untermauern."

In diesem Moment klopfte es an der Tür; Herr Müller trat ein. „Ich wollte sehen, wie es dir geht mit deinem Projekt", sagte er freundlich.

„Es läuft gut! Ich arbeite an einem Plan und würde gerne Ihre Meinung dazu hören", antwortete Anna selbstbewusst.

Herr Müller lächelte: „Das ist großartig! Es ist wichtig, dass du deine Ideen weiterverfolgst und gleichzeitig offen für Feedback bleibst."

Anna spürte einen neuen Antrieb in sich wachsen. Sie war bereit für die Herausforderung und entschlossen, ihre Vision in die Tat umzusetzen – nicht nur für sich selbst, sondern auch für ihr Team und das Unternehmen insgesamt.

11

Loslassen alter Muster

11.1 Ausmisten des Lebensraums

Anna stand in ihrem kleinen Apartment und betrachtete die Unordnung, die sich über die Jahre angesammelt hatte. „Es ist Zeit, loszulassen", murmelte sie zu sich selbst, während sie einen Stapel alter Zeitschriften ansah. Max, ihr bester Freund, trat hinter sie und legte eine Hand auf ihre Schulter.

„Du weißt, dass das Ausmisten nicht nur physisch ist, oder? Es geht auch darum, Platz für Neues zu schaffen", sagte er mit einem ermutigenden Lächeln.

„Ich weiß", antwortete Anna zögerlich. „Aber es fällt mir so schwer. Diese Dinge haben Erinnerungen." Sie hielt ein altes Foto von sich und ihrer Familie in den Händen.

- **Erinnerungen an schöne Zeiten:** Anna wusste, dass einige Gegenstände wertvoll waren, aber andere nur Ballast darstellten.

- **Die Angst vor dem Unbekannten:** Der Gedanke daran, was passieren würde, wenn sie alles wegwarf, machte ihr Angst.

- **Achtsamkeit im Alltag:** Max erinnerte sie daran, dass Achtsamkeit auch bedeutete, bewusst Entscheidungen zu treffen.

„Wie wäre es mit einer Regel? Wenn du etwas nicht mehr benutzt oder es dir kein Glück bringt – dann weg damit!", schlug Max vor und begann selbst mit dem Sortieren von alten Büchern.

„Das klingt einfach", lachte Anna nervös. „Aber ich habe so viele Dinge..."

"Fang klein an", ermutigte Max sie weiter. "Nimm einen Schrank oder eine Schublade und arbeite dich durch." Er hielt ein Buch hoch: „Sieh mal hier! Dieses Buch hast du seit Jahren nicht angerührt."

Anna nickte langsam und spürte eine wachsende Entschlossenheit in sich. „Okay! Lass uns anfangen!" Sie griff nach der ersten Schublade und begann zu sortieren. Mit jedem Gegenstand, den sie losließ, fühlte sie sich leichter und freier.

"Es ist wie eine Befreiung", stellte Anna fest und lächelte Max an. "Ich kann kaum glauben, wie viel Platz wir schaffen!"

Anna nickte langsam und spürte eine wachsende Entschlossenheit in sich. „Okay! Lass uns anfangen!" Sie griff nach der ersten Schublade und begann zu sortieren. Mit jedem Gegenstand, den sie losließ, fühlte sie sich leichter und freier.

"Es ist wie eine Befreiung", stellte Anna fest und lächelte Max an. "Ich kann kaum glauben, wie viel Platz wir schaffen!"

11.2 Abschied von alten Gewohnheiten

Anna saß auf ihrem Sofa und starrte nachdenklich auf die leeren Regale, die sie nach dem Ausmisten hinterlassen hatte. „Es fühlt sich gut an, aber ich weiß, dass ich auch meine Gewohnheiten ändern muss", murmelte sie. Max, der neben ihr Platz genommen hatte, nickte zustimmend.

„Das ist der nächste Schritt", sagte er. „Alte Gewohnheiten loszulassen kann genauso herausfordernd sein wie das Ausmisten."

„Ich habe so viele Dinge, die ich immer wieder mache – oft ohne darüber nachzudenken", gestand Anna und spielte nervös mit ihren Händen. „Wie kann ich das ändern?"

- **Bewusstsein schaffen:** Max schlug vor: „Fang damit an, dir bewusst zu machen, was du tust. Schreibe eine Liste deiner täglichen Routinen."

- **Kleine Schritte:** „Setze dir kleine Ziele", fügte er hinzu. „Wenn du jeden Tag nur eine Gewohnheit änderst, wird es leichter."

- **Unterstützung suchen:** „Sprich mit Freunden oder schau dir Online-Communities an. Es hilft, wenn man nicht allein ist."

„Das klingt machbar", erwiderte Anna und fühlte sich inspiriert. „Aber was ist mit den schlechten Gewohnheiten? Die sind so fest verankert!"

Max lächelte verständnisvoll. „Es braucht Zeit und Geduld. Ersetze sie durch positive Alternativen. Wenn du zum Beispiel oft abends fernsehen willst, versuche stattdessen ein Buch zu lesen oder einen Spaziergang zu machen."

„Ich könnte auch versuchen, weniger Zeit am Handy zu verbringen", überlegte Anna laut und spürte bereits den Drang zur Veränderung in sich wachsen.

"Genau! Und belohne dich für jeden Fortschritt", ermutigte Max sie weiter. "Jede kleine Veränderung zählt."

Annas Augen leuchteten auf: „Ich bin bereit! Lass uns gemeinsam daran arbeiten!" Sie fühlte sich motiviert und voller Hoffnung auf eine neue Zukunft ohne alte Muster.

11.3 Freiheit spüren

Anna saß am Fenster und beobachtete die vorbeiziehenden Wolken. „Es ist, als ob ich endlich atmen kann", sagte sie leise zu Max, der neben ihr stand und ebenfalls den Blick nach draußen richtete.

„Das ist das Gefühl von Freiheit", antwortete er mit einem Lächeln. „Wenn du alte Gewohnheiten loslässt, schaffst du Raum für Neues."

„Ich hätte nie gedacht, dass es so befreiend sein könnte", gestand Anna und ließ ihren Blick über die Stadt schweifen. „Es fühlt sich an, als ob ich die Kontrolle über mein Leben zurückgewonnen habe."

- **Neue Möglichkeiten entdecken:** Max nickte zustimmend. „Jetzt kannst du Dinge ausprobieren, die du vorher vielleicht nicht gewagt hättest."

- **Selbstvertrauen aufbauen:** „Mit jeder kleinen Veränderung wächst dein Selbstvertrauen", fügte er hinzu. „Du wirst mutiger in deinen Entscheidungen."

- **Ziele setzen:** „Überlege dir, was du wirklich willst", schlug Max vor. „Setze dir Ziele, die dich herausfordern und inspirieren."

„Ich möchte reisen und neue Kulturen kennenlernen", sagte Anna begeistert. „Das war immer ein Traum von mir!"

„Dann fang an zu planen! Mach eine Liste der Orte, die du besuchen möchtest", ermutigte Max sie weiter. „Und vergiss nicht: Jeder Schritt zählt."

Annas Augen funkelten vor Aufregung: „Ich könnte sogar einen Blog darüber schreiben! So kann ich meine Erfahrungen teilen und andere inspirieren!"

"Genau! Das Teilen deiner Reise wird dir helfen, noch mehr Freiheit zu spüren", antwortete Max mit einem breiten Grinsen.

„Ich fühle mich so lebendig! Es ist erstaunlich, wie viel Energie man hat, wenn man sich von alten Mustern befreit", bemerkte Anna und sprang auf.

"Lass uns gleich anfangen!", rief sie aus und fühlte sich bereit für alles, was kommen würde.

12

Die Reise nach Innen

12.1 Meditationserlebnisse

In einem ruhigen Raum, umgeben von sanften Kerzenlichtern und dem leisen Klang von tibetischen Klangschalen, saß Anna auf ihrem Meditationskissen. Die Luft war erfüllt von einem Hauch von Lavendel, der ihre Sinne beruhigte. „Max, ich fühle mich so unruhig", gestand sie und schloss die Augen. „Wie kann ich diese Gedanken loslassen?"

„Es ist ganz normal, Anna", antwortete Max sanft. „Lass die Gedanken kommen und gehen, wie Wolken am Himmel. Du musst sie nicht festhalten."

Anna atmete tief ein und versuchte, sich auf ihren Atem zu konzentrieren. Doch immer wieder schlichen sich Erinnerungen an ihre Vergangenheit in ihren Geist: die verpassten Chancen, die unerfüllten Träume. „Ich kann nicht anders", murmelte sie frustriert.

„Versuche es mit einer Visualisierung", schlug Max vor. „Stell dir vor, du stehst an einem Flussufer und beobachtest, wie deine Gedanken wie Blätter im Wasser treiben."

Mit dieser Vorstellung begann Anna langsam zu entspannen. Sie stellte sich vor, wie ihre Sorgen sanft davon schwammen und Platz für Frieden schufen. Plötzlich spürte sie eine Welle der Klarheit: „Ich habe das Gefühl, dass ich etwas Wichtiges erkennen muss."

„Was kommt dir in den Sinn?", fragte Max neugierig.

„Vielleicht ist es Zeit, meine Ängste anzunehmen statt gegen sie anzukämpfen", antwortete Anna nachdenklich. „Ich habe so lange versucht, perfekt zu sein."

An diesem Abend erlebte Anna eine Transformation; die Meditation wurde zu einem Werkzeug der Selbstentdeckung und des inneren Friedens. Sie wusste nun: Ihre Reise hatte gerade erst begonnen.

- **Achtsamkeit:** Der Schlüssel zur Selbstakzeptanz.
- **Leben im Moment:** Die Schönheit des Jetzt erkennen.
- **Loslassen:** Vergangenes hinter sich lassen.

12.2 Tiefe emotionale Einsichten

In der Stille des Raumes, umgeben von der sanften Wärme der Kerzen, spürte Anna, wie sich ihre innere Welt langsam öffnete. „Max", begann sie zögerlich, „ich habe das Gefühl, dass ich in mir selbst etwas entdecken muss, das ich lange ignoriert habe."

„Was meinst du damit?", fragte Max und sah sie aufmerksam an.

„Es ist, als ob ich in einem Labyrinth gefangen bin", erklärte Anna weiter. „Jede Ecke bringt mich zu einer neuen Angst oder einem alten Schmerz. Ich weiß nicht, wo ich anfangen soll."

„Manchmal hilft es, die Dinge laut auszusprechen", ermutigte Max sie. „Was kommt dir in den Sinn?"

Anna atmete tief ein und ließ die Worte fließen: „Ich habe immer geglaubt, dass meine Vergangenheit mich definiert. Die Fehler und Enttäuschungen verfolgen mich wie Schatten."

- **Anerkennung:** Die ersten Schritte zur Heilung beginnen mit dem Eingeständnis.
- **Vergebung:** Sich selbst und anderen vergeben ist essenziell.
- **Selbstliebe:** Der Schlüssel zu innerem Frieden liegt in der Akzeptanz.

„Das sind mächtige Gedanken", sagte Max nachdenklich. „Aber was wäre, wenn du diese Schatten nicht als Feinde betrachtest? Was wäre, wenn sie Teil deiner Geschichte sind?"

Annas Augen weiteten sich. „Vielleicht könnte ich lernen, sie zu akzeptieren statt gegen sie anzukämpfen." Sie spürte eine Welle der Erleichterung: „Es fühlt sich an wie ein Befreiungsschlag."

„Genau! Indem du deine Emotionen anerkennst und ihnen Raum gibst, schaffst du Platz für Wachstum", antwortete Max mit einem Lächeln.

An diesem Abend wurde Anna klarer denn je: Ihre tiefsten emotionalen Einsichten waren nicht nur Herausforderungen; sie waren auch Wegweiser auf ihrem Pfad zur Selbstentdeckung und innerem Frieden.

12.3 Selbstentdeckung

Die Reise zur Selbstentdeckung ist oft ein schleichender Prozess, der sich in den stillen Momenten des Lebens entfaltet. Anna saß mit Max in einem kleinen Café, umgeben von dem Duft frisch gebrühten Kaffees und dem leisen Murmeln anderer Gäste. „Ich habe das Gefühl, dass ich mich selbst noch nicht wirklich kenne", gestand sie und rührte gedankenverloren in ihrer Tasse.

„Was hält dich davon ab, dich zu entdecken?", fragte Max neugierig und lehnte sich leicht vor.

„Es sind die Erwartungen, die ich an mich selbst stelle", antwortete Anna nachdenklich. „Ich habe immer versucht, anderen gerecht zu werden, anstatt herauszufinden, was ich wirklich will."

- **Selbstreflexion:** Sich Zeit für sich selbst zu nehmen ist entscheidend.
- **Offenheit:** Neue Erfahrungen können helfen, verborgene Facetten zu entdecken.
- **Mut:** Es erfordert Mut, die eigene Komfortzone zu verlassen.

Max nickte verständnisvoll. „Vielleicht solltest du dir kleine Ziele setzen. Was wäre ein erster Schritt?"

Anna überlegte kurz und sagte dann: „Ich könnte anfangen, meine Gedanken in einem Journal festzuhalten. Das würde mir helfen, Klarheit über meine Wünsche und Ängste zu gewinnen."

„Das klingt nach einer großartigen Idee!", ermutigte Max sie. „Und vergiss nicht: Jeder Schritt zählt, egal wie klein er auch sein mag."

An diesem Nachmittag spürte Anna eine neue Entschlossenheit in sich aufkeimen. Die Vorstellung, ihre innere Welt aktiv zu erkunden und ihre eigenen Bedürfnisse ernst zu nehmen, fühlte sich befreiend an. Sie wusste jetzt: Selbstentdeckung ist kein Ziel; es ist eine fortwährende Reise voller Überraschungen und Erkenntnisse.

13

Neue Horizonte

13.1 Reisen und Entdeckungen

Die Reise, die Anna antritt, ist nicht nur eine physische, sondern auch eine spirituelle Entdeckung. Gemeinsam mit Max beschließt sie, ein Wochenende in den Bergen zu verbringen, um dem hektischen Stadtleben zu entfliehen. „Ich brauche frische Luft und einen klaren Kopf", sagt Anna entschlossen, während sie ihren Rucksack packt.

„Das wird dir guttun", erwidert Max mit einem aufmunternden Lächeln. „Manchmal muss man einfach raus aus der Routine." Auf der Fahrt dorthin diskutieren sie über ihre Träume und Ängste. „Hast du jemals darüber nachgedacht, was du wirklich willst?", fragt Max neugierig.

„Ja, aber ich habe Angst vor dem Unbekannten", gesteht Anna und schaut aus dem Fenster auf die vorbeiziehende Landschaft. Die grünen Hügel scheinen ihr Mut zuzusprechen. „Was ist, wenn ich nicht gut genug bin?"

Max schüttelt den Kopf. „Du bist mehr als genug. Es geht darum, dich selbst zu finden." Diese Worte hallen in Annas Kopf wider, während sie die Berge erreichen und die frische Bergluft einatmet.

Am nächsten Morgen machen sie sich auf den Weg zu einem nahegelegenen Aussichtspunkt. Der Pfad ist steil und herausfordernd, doch jeder Schritt bringt Anna näher zu sich selbst. „Schau dir diese Aussicht an!", ruft Max begeistert aus.

- Die Weite des Himmels über ihnen.
- Die Stille der Natur um sie herum.
- Der Duft von frischem Gras und Erde.

„Es ist atemberaubend", flüstert Anna ehrfurchtig. In diesem Moment spürt sie eine tiefe Verbundenheit zur Natur und zu ihrem inneren Selbst. Sie beginnt zu begreifen, dass das Reisen nicht nur das Erkunden neuer Orte bedeutet, sondern auch das Entdecken ihrer eigenen Identität.

„Es ist atemberaubend", flüstert Anna ehrfurchtig. In diesem Moment spürt sie eine tiefe Verbundenheit zur Natur und zu ihrem inneren Selbst. Sie beginnt zu begreifen, dass das Reisen nicht nur das Erkunden neuer Orte bedeutet, sondern auch das Entdecken ihrer eigenen Identität.

13.2 Kulturelle Erfahrungen

Nach ihrem erfrischenden Wochenende in den Bergen beschließen Anna und Max, ihre Reise fortzusetzen und die kulturellen Schätze der Region zu erkunden. „Ich habe gehört, dass es hier ein kleines Dorf gibt, das für seine traditionellen Feste bekannt ist", sagt Max begeistert, während sie in einem gemütlichen Café sitzen.

„Das klingt spannend! Was für Feste sind das?", fragt Anna neugierig und nippt an ihrem Kaffee.

„Es gibt ein Erntefest, bei dem die Einheimischen ihre Spezialitäten präsentieren. Und dann ist da noch das Musikfestival mit lokalen Künstlern", erklärt Max. „Wir sollten unbedingt hingehen!"

Anna nickt zustimmend. „Ich liebe es, neue Kulturen kennenzulernen. Es ist faszinierend zu sehen, wie andere Menschen leben."

Am nächsten Tag machen sie sich auf den Weg ins Dorf. Die Straßen sind gesäumt von bunten Ständen, an denen handgefertigte Waren verkauft werden. Der Duft von frisch gebackenem Brot und Gewürzen liegt in der Luft.

- Ein Stand mit kunstvoll verzierten Töpferwaren.
- Ein anderer bietet lokale Delikatessen wie Käse und Wurst an.
- Und ein dritter hat traditionelle Trachten ausgestellt.

„Schau dir diese Töpferwaren an! Sie sind wunderschön", ruft Anna begeistert und hält eine kleine Vase in der Hand.

„Ja, ich finde auch, dass Kunst eine wichtige Rolle in jeder Kultur spielt", antwortet Max nachdenklich. „Sie erzählt Geschichten über die Menschen und ihre Traditionen."

Schnell finden sie sich im Zentrum des Festes wieder, wo Tänze aufgeführt werden und Musik durch die Luft schwebt. „Lass uns tanzen!", schlägt Anna vor und zieht Max mit sich auf die Tanzfläche.

"Das macht so viel Spaß!", lacht Max, während sie im Rhythmus der Musik schwingen. In diesem Moment spüren beide eine tiefe Verbundenheit zur Kultur des Ortes und zueinander.

„Ich hätte nie gedacht, dass ich so viel Freude daran haben würde", gesteht Anna später am Abend. „Diese Erfahrungen bereichern mein Leben."

13.3 Persönliches Wachstum

Nach dem aufregenden Tag im Dorf spüren Anna und Max, dass ihre Reise nicht nur eine Erkundung äußerer Landschaften ist, sondern auch eine Entdeckung ihrer inneren Welten. „Weißt du, ich habe das Gefühl, dass ich mich hier wirklich weiterentwickle", sagt Anna nachdenklich, während sie auf einer Bank sitzt und die bunten Lichter des Festes betrachtet.

„Das geht mir genauso", antwortet Max und nippt an seinem Getränk. „Es ist erstaunlich, wie sehr uns neue Erfahrungen prägen können. Ich hätte nie gedacht, dass ich so viel über mich selbst lernen würde."

„Was meinst du damit?", fragt Anna neugierig und schaut ihn an.

„Nun, als wir zu tanzen begonnen haben, fühlte ich mich plötzlich frei. Es war, als ob all meine Sorgen für einen Moment verschwunden wären", erklärt Max mit einem Lächeln. „Ich habe gelernt, dass es wichtig ist, sich auf das Hier und Jetzt zu konzentrieren."

- Die Freude am Tanzen ohne Hemmungen.
- Die Offenheit für neue Kulturen und deren Traditionen.
- Das Verständnis für die eigene Identität in einem größeren Kontext.

Anna nickt zustimmend. „Ich finde es faszinierend, wie diese kleinen Momente unser Leben bereichern können. Ich habe auch gemerkt, dass ich offener geworden bin – nicht nur gegenüber anderen Menschen, sondern auch gegenüber meinen eigenen Gefühlen."

„Das ist ein wichtiger Schritt", sagt Max ermutigend. „Manchmal müssen wir uns von unseren Ängsten befreien, um wirklich zu wachsen."

"Ich möchte mehr von solchen Erfahrungen machen!", ruft Anna begeistert aus. „Jede Begegnung hier hat mir etwas Neues beigebracht." Sie schaut in die Menge der Feiernden und spürt eine tiefe Verbundenheit mit den Menschen um sie herum.

In diesem Moment erkennen beide: Persönliches Wachstum geschieht nicht nur durch Reisen oder Abenteuer; es geschieht auch durch die Bereitschaft, sich selbst zu hinterfragen und offen für Veränderungen zu sein.

14

Die Bedeutung von Freundschaft

14.1 Unterstützung in schweren Zeiten

In einem kleinen Café, umgeben von der Hektik der Stadt, saßen Anna und Max an einem Tisch in der Ecke. Die Dämpfe des frisch gebrühten Kaffees mischten sich mit dem Geruch von Gebäck, während die beiden Freunde über Annas jüngste Herausforderungen sprachen.

„Ich fühle mich so verloren, Max", gestand Anna und starrte in ihre Tasse. „Es ist, als ob ich ständig gegen eine Wand renne."

Max lehnte sich vor und sah sie ernst an. „Du bist nicht allein, Anna. Jeder hat mal schwere Zeiten. Es ist wichtig, dass du dir das eingestehst."

„Aber was ist mit den Erwartungen? Der Druck von der Arbeit? Ich kann einfach nicht mehr", antwortete sie frustriert.

„Erwartungen sind oft nur Illusionen", erwiderte Max sanft. „Was zählt, ist dein innerer Frieden. Du musst lernen, dich selbst zu akzeptieren."

- **Freundschaft als Rückhalt:** In schwierigen Momenten zeigt sich wahre Freundschaft. Max war für Anna da, um ihr zuzuhören und sie zu unterstützen.

- **Achtsamkeit üben:** Gemeinsam begannen sie Achtsamkeitsübungen zu praktizieren, um den Stress abzubauen und im Moment zu leben.

- **Sich öffnen:** Anna lernte, ihre Ängste auszusprechen und sich verletzlich zu zeigen – ein wichtiger Schritt zur Heilung.

„Ich habe das Gefühl, dass ich versage", sagte Anna leise und ließ ihren Blick auf die vorbeigehenden Passanten fallen.

„Versagen bedeutet nicht das Ende", entgegnete Max entschlossen. „Es ist eine Gelegenheit zum Lernen. Lass uns gemeinsam einen Plan machen."

Annas Augen leuchteten auf. „Einen Plan?" fragte sie neugierig.

„Ja! Lass uns kleine Schritte setzen: jeden Tag etwas für dich tun – sei es ein Spaziergang oder ein neues Buch lesen", schlug er vor.

"Das klingt machbar", lächelte Anna schwach zurück und fühlte sich durch die Unterstützung ihres Freundes gestärkt.

14.2 Gemeinsame Erlebnisse

Die Sonne schien hell an diesem Samstagmorgen, als Anna und Max beschlossen, einen Ausflug in die Natur zu machen. „Ich habe gehört, dass der neue Wanderweg am See wunderschön sein soll", schlug Max vor, während sie ihre Rucksäcke packten.

„Das klingt perfekt! Ein bisschen frische Luft könnte mir wirklich guttun", antwortete Anna mit einem Lächeln. Sie spürte bereits die Vorfreude auf das Abenteuer, das vor ihnen lag.

Als sie den Wanderweg erreichten, umgaben sie hohe Bäume und das sanfte Plätschern des Wassers. „Schau dir diese Aussicht an! Ist es nicht atemberaubend?", rief Max begeistert und deutete auf den glitzernden See.

„Es ist wunderschön! Ich hätte nie gedacht, dass ich so etwas hier in der Nähe finden würde", erwiderte Anna und atmete tief ein. Die frische Luft fühlte sich befreiend an.

- **Gemeinsame Erinnerungen schaffen:** Während sie den Weg entlang gingen, erzählten sie sich Geschichten aus ihrer Kindheit und lachten über alte Missgeschicke.

- **Sich gegenseitig unterstützen:** Als Anna stolperte und fast fiel, war Max sofort zur Stelle. „Alles gut? Du bist stark genug für jeden Schritt", sagte er ermutigend.

- **Achtsamkeit erleben:** Sie hielten an einem schönen Platz am Wasser an und setzten sich auf eine Bank. Gemeinsam praktizierten sie Achtsamkeitsübungen – einfach nur im Moment zu sein.

„Weißt du noch, als wir letztes Jahr beim Camping waren? Wir haben uns so verlaufen!" erinnerte sich Anna lachend.

„Ja! Und wir haben die ganze Nacht gezeltet, ohne zu wissen, wo wir sind! Das war ein Abenteuer für die Ewigkeit", antwortete Max mit einem breiten Grinsen.

An diesem Tag wurde klar: Die gemeinsamen Erlebnisse stärkten nicht nur ihre Freundschaft, sondern halfen auch Anna dabei, ihre Sorgen für einen Moment hinter sich zu lassen. „Danke, dass du immer für mich da bist", sagte sie schließlich leise und sah Max dankbar an.

„Immer gerne! Wir sind ein Team", erwiderte er mit einem warmen Lächeln. In diesem Augenblick wusste Anna: Mit Freunden wie Max konnte sie alles überwinden.

14.3 Vertrauen aufbauen

Vertrauen ist das Fundament jeder Freundschaft, und Anna wusste, dass es Zeit brauchte, um dieses kostbare Gut aufzubauen. An einem weiteren sonnigen Tag saßen sie und Max in ihrem Lieblingscafé und genossen eine Tasse Kaffee. „Weißt du, manchmal habe ich das Gefühl, dass ich dir nicht alles anvertrauen kann", gestand Anna zögernd.

Max sah sie aufmerksam an. „Warum denkst du das? Ich bin immer für dich da", antwortete er mit einem warmen Lächeln. „Es ist wichtig, dass wir offen miteinander sind."

„Ich weiß, aber manchmal habe ich Angst vor deinem Urteil", gab Anna zu und spielte nervös mit ihrer Tasse. „Was ist, wenn du mich nicht mehr magst, wenn ich dir meine wahren Gedanken sage?"

- **Ehrlichkeit als Schlüssel:** Max nickte verständnisvoll. „Ehrlichkeit ist der erste Schritt zum Vertrauen. Du musst wissen, dass ich dich so akzeptiere, wie du bist."

- **Sich verletzlich zeigen:** „Es fällt mir schwer, mich verletzlich zu zeigen", gestand Anna weiter. „Aber ich möchte es versuchen."

- **Kleine Schritte machen:** Max schlug vor: „Lass uns kleine Geheimnisse teilen – Dinge über uns selbst, die wir noch nie jemandem erzählt haben."

Anna überlegte kurz und lächelte dann schüchtern. „Okay! Ich fange an: Als Kind hatte ich große Angst vor dem Dunkeln und habe oft unter meinem Bett nachgesehen."

„Das ist süß! Ich auch! Und ich habe einmal einen ganzen Abend im Schrank verbracht aus Angst vor einem Monster!" lachte Max.

In diesem Moment spürte Anna ein leichtes Kribbeln der Erleichterung. Es war befreiend zu wissen, dass sie nicht allein war in ihren Ängsten. Sie fühlte sich sicherer in der Gegenwart von Max.

„Danke für deine Offenheit", sagte sie schließlich und sah ihm direkt in die Augen. „Ich glaube, wir können wirklich etwas Besonderes aufbauen."

„Das können wir! Vertrauen braucht Zeit – lass uns gemeinsam daran arbeiten", erwiderte Max mit Überzeugung.

15

Kreativität entfalten

15.1 Kunst als Ausdruck

In einem kleinen, lichtdurchfluteten Atelier, umgeben von Farben und Leinwänden, saß Anna mit ihrem Pinsel in der Hand. Die Wände waren geschmückt mit Werken, die Geschichten erzählten – Geschichten von Freude, Schmerz und der Suche nach dem Selbst. Max trat ein und betrachtete neugierig die Bilder.

„Wow, Anna! Diese Farben sind so lebendig. Was inspiriert dich?" fragte er und ließ seinen Blick über ein besonders strahlendes Gemälde wandern.

„Es ist wie eine Reflexion meiner inneren Welt", antwortete Anna nachdenklich. „Jedes Bild ist ein Ausdruck meiner Gefühle und Gedanken. Manchmal fühle ich mich verloren in diesem hektischen Leben, aber wenn ich male, finde ich einen Teil von mir wieder."

Max nickte verständnisvoll. „Kunst hat diese besondere Fähigkeit, uns zu verbinden – nicht nur mit uns selbst, sondern auch mit anderen."

„Genau!", rief Anna begeistert aus. „Wenn ich male, kann ich meine Ängste loslassen und meine Träume visualisieren. Es ist befreiend." Sie hielt inne und fügte hinzu: „Aber manchmal habe ich das Gefühl, dass mein innerer Kritiker mir im Weg steht."

- **Kreativität als Heilungsprozess:** Durch das Malen kann Anna ihre Emotionen verarbeiten.
- **Austausch durch Kunst:** Max ermutigt sie, ihre Werke zu teilen.
- **Selbstakzeptanz:** Jedes Bild wird zu einem Schritt auf dem Weg zur Selbstliebe.

„Du musst lernen, diesen Kritiker zum Schweigen zu bringen", sagte Max sanft. „Kunst ist kein Wettbewerb; es geht darum, deine Wahrheit auszudrücken."

„Das wäre großartig! Deine Kunst könnte viele inspirieren", ermutigte Max sie weiter.

Annas Augen leuchteten auf. „Vielleicht sollte ich eine Ausstellung planen? Um anderen zu zeigen, dass es okay ist, verletzlich zu sein."

In diesem Moment erkannte Anna: Kunst war nicht nur ein Hobby; es war ihr Weg zur Selbstentdeckung und zur Verbindung mit der Welt um sie herum.

15.2 Schreibprozesse

In einem kleinen, gemütlichen Café saß Anna an einem Tisch, umgeben von der sanften Melodie des Klaviers und dem Duft frisch gebrühten Kaffees. Mit ihrem Notizbuch in der Hand war sie bereit, ihre Gedanken zu Papier zu bringen. Max setzte sich ihr gegenüber und beobachtete sie neugierig.

„Was schreibst du gerade?", fragte er und lehnte sich interessiert vor.

„Ich versuche, meine Gefühle in Worte zu fassen", antwortete Anna und blätterte durch die Seiten ihres Notizbuchs. „Es ist manchmal so schwierig, das auszudrücken, was in mir vorgeht."

Max nickte verständnisvoll. „Das kann ich nachvollziehen. Manchmal hilft es, einfach draufloszuschreiben, ohne nachzudenken."

„Ja, aber ich habe oft Angst davor, dass es nicht gut genug ist", gestand Anna und senkte den Blick auf ihr Notizbuch.

- **Kreatives Schreiben als Prozess:** Der Schreibprozess ist oft unlinear; Ideen kommen und gehen.
- **Selbstzweifel überwinden:** Max ermutigt Anna, ihre inneren Kritiker zu ignorieren.
- **Austausch von Gedanken:** Durch Gespräche mit Max findet Anna neue Perspektiven für ihre Texte.

„Du musst dir selbst vertrauen", sagte Max sanft. „Jeder Text ist ein Schritt auf deinem Weg zur Selbstentdeckung."

Anna lächelte leicht. „Vielleicht sollte ich mehr über meine Erfahrungen schreiben – über die Herausforderungen und die Freude am kreativen Prozess."

„Das klingt großartig! Deine Stimme ist einzigartig und wichtig", ermutigte Max sie weiter. „Schreiben kann eine Form der Therapie sein."

An diesem Nachmittag erkannte Anna: Schreiben war nicht nur ein Mittel zur Kommunikation; es war ein Weg zur Selbsterkenntnis und zur Verbindung mit anderen Menschen durch das Teilen ihrer Geschichten.

15.3 Inspiration finden

Anna saß wieder in ihrem Lieblingscafé, das sanfte Licht der Nachmittagssonne fiel durch die Fenster und tauchte den Raum in ein warmes Glühen. Sie hatte ihr Notizbuch vor sich auf dem Tisch geöffnet, doch die leeren Seiten schienen sie herauszufordern. Max, der gerade einen Schluck von seinem Kaffee nahm, bemerkte ihre Unruhe.

„Was ist los?", fragte er und legte seine Tasse ab. „Du siehst aus, als würdest du nach etwas suchen."

„Ich versuche, Inspiration zu finden", seufzte Anna und spielte mit ihrem Stift. „Aber ich weiß nicht, wo ich anfangen soll."

- **Beobachtungen der Umgebung:** Max deutete auf die Menschen um sie herum. „Schau dir die Geschichten an, die hier leben. Jeder hat eine eigene Welt."

- **Kreative Ausflüge:** „Vielleicht sollten wir mal einen Spaziergang machen", schlug Max vor. „Die Natur kann Wunder wirken."

- **Bücher und Kunst:** Anna nickte zustimmend. „Ich könnte auch mehr lesen oder Museen besuchen – das inspiriert mich immer."

„Genau! Inspiration kommt oft unerwartet", sagte Max mit einem Lächeln. „Manchmal reicht es schon, den Blickwinkel zu ändern."

Anna schaute aus dem Fenster und beobachtete eine Gruppe von Kindern, die fröhlich spielten. Ihre Gesichter strahlten vor Freude und Unbeschwertheit.

„Sieh dir diese Kinder an", bemerkte sie plötzlich begeistert. „Ihre Unschuld und Kreativität sind so rein! Vielleicht sollte ich über das Spielen schreiben – über die Freiheit des Kindes in uns allen."

Max lächelte stolz auf Anna: „Das ist es! Lass dich von diesen kleinen Momenten inspirieren; sie sind oft die tiefsten Quellen für unsere Geschichten."

An diesem Tag erkannte Anna: Inspiration war überall um sie herum – in den einfachen Dingen des Lebens verborgen, bereit entdeckt zu werden.

16

Gesundheit und Wohlbefinden

16.1 Körperliche Fitness

Anna saß auf der Bank im Park und beobachtete die Menschen um sich herum. Die Sonne schien warm auf ihr Gesicht, während sie über ihre körperliche Fitness nachdachte. „Weißt du, Anna", begann Max, der neben ihr Platz genommen hatte, „es ist nicht nur wichtig, wie wir uns fühlen, sondern auch, wie wir unseren Körper behandeln."

„Ich weiß", antwortete Anna und seufzte. „Aber manchmal fühle ich mich einfach so müde von all dem Stress bei der Arbeit. Ich habe das Gefühl, dass ich keine Zeit für Sport habe."

Max nickte verständnisvoll. „Das verstehe ich. Aber vielleicht könntest du kleine Veränderungen in deinen Alltag integrieren? Zum Beispiel könntest du morgens früher aufstehen und eine kurze Joggingrunde machen oder einfach ein paar Dehnübungen zu Hause ausprobieren."

- Kurzfristige Ziele setzen: Beginne mit 10 Minuten Bewegung pro Tag.
- Regelmäßige Pausen einlegen: Stehe während des Arbeitstags auf und bewege dich.
- Freunde einbeziehen: Gehe mit mir ins Fitnessstudio oder melde dich für einen Kurs an.

„Das klingt machbar", sagte Anna nachdenklich. „Ich könnte auch versuchen, mehr zu Fuß zu gehen oder das Fahrrad zu nehmen."

„Genau! Und vergiss nicht die Bedeutung von Achtsamkeit beim Training", fügte Max hinzu. „Es geht nicht nur darum, fit zu sein; es geht auch darum, den Moment zu genießen und deinem Körper zuzuhören."

Anna lächelte bei dieser Vorstellung. Sie stellte sich vor, wie sie beim Laufen die frische Luft einatmete und die Geräusche der Natur um sich herum wahrnahm. „Vielleicht sollte ich wirklich einen Kurs für Yoga oder Pilates ausprobieren", überlegte sie laut.

„Das wäre großartig! Es hilft dir nicht nur körperlich, sondern auch mental", ermutigte Max sie weiter. „Körperliche Fitness ist ein wichtiger Teil deines Wohlbefindens – sowohl für den Körper als auch für den Geist."

Annas Gedanken kreisten um die Möglichkeiten und Herausforderungen ihrer neuen Reise zur körperlichen Fitness. Sie wusste, dass es Zeit brauchte, aber mit jedem kleinen Schritt würde sie näher an ihr Ziel kommen.

„Das wäre großartig! Es hilft dir nicht nur körperlich, sondern auch mental", ermutigte Max sie weiter. „Körperliche Fitness ist ein wichtiger Teil deines Wohlbefindens – sowohl für den Körper als auch für den Geist."

Annas Gedanken kreisten um die Möglichkeiten und Herausforderungen ihrer neuen Reise zur körperlichen Fitness. Sie wusste, dass es Zeit brauchte, aber mit jedem kleinen Schritt würde sie näher an ihr Ziel kommen.

16.2 Ernährung und Lebensstil

Anna saß mit Max in einem kleinen Café, umgeben von dem Duft frisch gebrühten Kaffees und köstlicher Backwaren. „Weißt du, ich habe darüber nachgedacht, wie wichtig die Ernährung für unsere körperliche Fitness ist", begann Anna und nahm einen Schluck von ihrem grünen Smoothie.

„Absolut! Die richtige Ernährung kann einen großen Unterschied machen", stimmte Max zu. „Es geht nicht nur darum, was wir essen, sondern auch darum, wie wir essen."

„Was meinst du damit?", fragte Anna neugierig.

„Nun, es ist wichtig, auf die Qualität der Lebensmittel zu achten. Frisches Obst und Gemüse sind entscheidend für unsere Gesundheit", erklärte Max. „Außerdem sollten wir versuchen, verarbeitete Lebensmittel zu vermeiden."

- **Viel Wasser trinken:** Hydration ist essenziell für unseren Körper.
- **Regelmäßige Mahlzeiten:** Versuche, drei ausgewogene Mahlzeiten am Tag einzunehmen.
- **Achtsames Essen:** Nimm dir Zeit zum Essen und genieße jeden Bissen.

„Das klingt alles sehr vernünftig", sagte Anna nachdenklich. „Ich neige dazu, beim Essen oft abgelenkt zu sein – sei es durch das Handy oder den Fernseher."

Max nickte zustimmend. „Das passiert vielen von uns. Achtsamkeit beim Essen kann helfen, Überessen zu vermeiden und ein besseres Gefühl für den eigenen Körper zu entwickeln."

"Vielleicht sollte ich meine Essgewohnheiten überdenken", murmelte Anna. "Ich könnte mehr selbst kochen und weniger Fertiggerichte kaufen."

"Genau! Und wenn du magst, können wir zusammen kochen", schlug Max vor. "Es macht Spaß und man weiß genau, was drin ist."

Annas Augen leuchteten bei der Vorstellung eines gemeinsamen Kochabends. Sie wusste jetzt: Eine gesunde Ernährung war nicht nur eine Frage des Körpers; sie war auch eine Frage des Lebensstils – etwas, das Freude bereiten konnte.

16.3 Mentale Gesundheit

Anna und Max saßen in einem ruhigen Park, umgeben von der sanften Brise und dem Gesang der Vögel. „Weißt du, ich habe oft das Gefühl, dass wir über körperliche Gesundheit sprechen, aber die mentale Gesundheit ist genauso wichtig", begann Anna nachdenklich.

„Das stimmt", antwortete Max und schaute auf die vorbeigehenden Menschen. „Mentale Gesundheit beeinflusst unser tägliches Leben erheblich. Stress, Angst und Depressionen können uns stark belasten."

„Ich habe neulich einen Artikel gelesen, der besagte, dass Achtsamkeit eine gute Methode ist, um den Geist zu beruhigen", sagte Anna. „Hast du schon einmal darüber nachgedacht?"

„Ja, ich habe es ausprobiert! Es hilft wirklich dabei, sich auf den Moment zu konzentrieren und negative Gedanken loszulassen", erklärte Max begeistert. „Es gibt viele Techniken wie Meditation oder einfach nur bewusstes Atmen."

- **Achtsamkeitsmeditation:** Eine Technik zur Beruhigung des Geistes.
- **Tagebuch führen:** Gedanken und Gefühle aufzuschreiben kann helfen, Klarheit zu gewinnen.
- **Körperliche Aktivität:** Sport hat positive Auswirkungen auf die Stimmung.

„Ich finde es manchmal schwer, Zeit für mich selbst zu nehmen", gestand Anna. „Der Alltag kann so überwältigend sein."

Max nickte verständnisvoll. „Das kenne ich nur zu gut. Aber es ist wichtig, sich kleine Auszeiten zu gönnen – sei es ein Spaziergang oder einfach mal nichts tun."

„Vielleicht sollten wir zusammen eine Meditationsgruppe gründen? Das könnte uns helfen und auch anderen!" schlug Anna vor.

„Das ist eine großartige Idee! Gemeinsam macht es mehr Spaß und wir können uns gegenseitig motivieren", stimmte Max zu. Sie spürten beide die Erleichterung bei dem Gedanken an eine gemeinsame Initiative zur Förderung der mentalen Gesundheit.

17

Lebensziele setzen

17.1 Visionen entwickeln

In einem kleinen, gemütlichen Café in der Stadt saßen Anna und Max an einem Tisch in der Ecke. Der Duft von frisch gebrühtem Kaffee lag in der Luft, während die Geräusche des urbanen Lebens draußen leise im Hintergrund verschwammen. Anna starrte nachdenklich auf ihre Tasse, als Max sie sanft ansprach: „Was denkst du über deine Zukunft, Anna? Was sind deine Visionen?"

„Ich weiß es nicht genau", antwortete Anna zögernd. „Ich fühle mich oft verloren zwischen den Erwartungen anderer und dem, was ich wirklich will." Sie seufzte und spielte mit ihrem Löffel. „Es ist so schwer, eine klare Vorstellung zu entwickeln."

Max nickte verständnisvoll. „Vielleicht sollten wir damit beginnen, deine Träume aufzuschreiben. Manchmal hilft es, sie zu visualisieren." Er zog ein Notizbuch aus seiner Tasche und reichte es ihr.

- **Was macht dich glücklich?**
- **Welche Werte sind dir wichtig?**
- **Wo siehst du dich in fünf Jahren?**

Anna nahm das Notizbuch und begann zu schreiben. „Ich möchte reisen, neue Kulturen kennenlernen und vielleicht sogar ein Buch schreiben", murmelte sie vor sich hin.

„Das klingt großartig!", ermutigte Max sie. „Und was hält dich davon ab?"

„Die Angst vor dem Scheitern", gestand Anna leise. „Ich habe das Gefühl, dass ich nicht gut genug bin."

Max legte seine Hand auf ihre. „Jeder hat Ängste, aber du musst lernen, diese Gedanken loszulassen. Deine Visionen sind wichtig!"

Annas Augen leuchteten auf. „Du hast recht! Ich sollte meine Träume ernst nehmen und Schritte unternehmen, um sie zu verwirklichen." Sie fühlte sich inspiriert und bereit für den nächsten Schritt.

„Lass uns gemeinsam einen Plan erstellen", schlug Max vor. „Wir können kleine Ziele setzen und jeden Monat überprüfen, wie weit du gekommen bist."

Mit neuer Entschlossenheit begann Anna zu skizzieren, was ihre Visionen für die Zukunft waren – ein Prozess voller Hoffnung und Möglichkeiten.

17.2 Strategien zur Zielverwirklichung

Nachdem Anna ihre Visionen aufgeschrieben hatte, spürte sie eine neue Energie in sich. Max, der an ihrer Seite saß, bemerkte ihren Enthusiasmus und fragte: „Was denkst du als Nächstes zu tun?"

„Ich glaube, ich muss einen konkreten Plan entwickeln", antwortete Anna nachdenklich. „Aber wo fange ich an?"

Max lächelte ermutigend. „Lass uns einige Strategien durchgehen, die dir helfen können, deine Ziele zu erreichen." Er griff erneut nach seinem Notizbuch und begann zu skizzieren:

- **Kleine Schritte machen:** „Setze dir kleine, erreichbare Ziele", schlug Max vor. „Das gibt dir ein Gefühl der Erfüllung und motiviert dich weiterzumachen."

- **Ziele visualisieren:** „Stell dir vor, wie es wäre, dein Ziel erreicht zu haben. Das hilft dir, fokussiert zu bleiben", fügte er hinzu.

- **Verantwortung übernehmen:** „Teile deine Ziele mit Freunden oder Familie. Sie können dich unterstützen und zur Rechenschaft ziehen", riet Max.

Anna nickte zustimmend. „Das klingt machbar! Ich könnte jeden Monat ein kleines Ziel setzen und dann darüber berichten."

„Genau! Und vergiss nicht, auch Rückschläge als Teil des Prozesses anzunehmen", erinnerte Max sie sanft. „Es ist wichtig, geduldig mit sich selbst zu sein."

„Ich habe oft das Gefühl versagt zu haben", gestand Anna leise. „Wie kann ich damit umgehen?"

Max überlegte kurz und sagte dann: „Reflektiere über das Gelernte aus jeder Erfahrung. Jeder Schritt bringt dich näher an dein Ziel – auch wenn es nicht immer geradeaus geht."

Annas Augen funkelten vor Entschlossenheit. „Ich werde mir diese Strategien merken! Es fühlt sich gut an, einen Plan zu haben." Sie nahm einen tiefen Atemzug und lächelte.

„Lass uns gleich anfangen! Was ist dein erstes kleines Ziel?", fragte Max begeistert.

"Ich möchte mehr über die Kulturen lernen, die ich besuchen will", antwortete Anna voller Vorfreude.

17.3 Rückschläge überwinden

Anna saß in ihrem Lieblingscafé und starrte auf ihren Laptop. Die letzten Wochen waren herausfordernd gewesen, und sie hatte das Gefühl, dass ihre Fortschritte ins Stocken geraten waren. Max setzte sich gegenüber und bemerkte sofort ihre nachdenkliche Miene.

„Was ist los, Anna? Du siehst aus, als würdest du mit einem schweren Stein im Herzen kämpfen", fragte er besorgt.

„Ich habe so viel über die Kulturen gelernt, aber ich fühle mich immer noch nicht bereit zu reisen", gestand Anna. „Es scheint, als ob ich ständig gegen eine Wand laufe."

Max nickte verständnisvoll. „Rückschläge sind normal. Jeder erlebt sie auf seinem Weg zu den Zielen. Was zählt, ist, wie wir darauf reagieren."

„Aber wie kann ich damit umgehen? Ich habe das Gefühl versagt zu haben", murmelte Anna und senkte den Blick.

„Lass uns darüber sprechen", schlug Max vor. „Was genau hat dich zurückgeworfen?"

- **Mangelnde Vorbereitung:** „Ich dachte, ich könnte alles einfach so lernen, aber es gibt so viel mehr zu wissen", erklärte Anna frustriert.
- **Zweifel an mir selbst:** „Manchmal frage ich mich, ob ich wirklich dazu fähig bin", fügte sie hinzu.
- **Kritik von anderen:** „Einige Freunde haben gesagt, dass es unrealistisch ist, so schnell reisen zu wollen."

Max lächelte sanft. „Das sind alles Herausforderungen! Aber denk daran: Jeder Rückschlag bietet auch eine Lektion." Er lehnte sich zurück und überlegte kurz. „Wie wäre es mit einer neuen Strategie? Setze dir kleine Etappenziele und feiere jeden Erfolg – egal wie klein er auch sein mag."

Annas Augen leuchteten auf. „Das klingt machbar! Vielleicht sollte ich mir ein Ziel setzen, um einen bestimmten Aspekt einer Kultur intensiver zu erforschen."

„Genau! Und vergiss nicht: Es ist in Ordnung zu scheitern. Das Wichtigste ist der Mut weiterzumachen", ermutigte Max sie.

Anna nickte entschlossen. Sie fühlte sich inspiriert und bereit für die nächsten Schritte auf ihrer Reise.

PRESENT

18

Der Weg zur Selbstverwirklichung

18.1 Identität und Selbstbewusstsein

In einem kleinen Café, umgeben von der Hektik der Stadt, saß Anna mit Max an einem Tisch in der Ecke. Der Duft von frisch gebrühtem Kaffee lag in der Luft, während sie über ihre jüngsten Erkenntnisse sprach.

„Ich habe das Gefühl, dass ich mich selbst verloren habe", gestand Anna und rührte gedankenverloren in ihrer Tasse. „Jeden Tag gehe ich zur Arbeit, aber ich frage mich oft: Wer bin ich wirklich?"

Max sah sie aufmerksam an. „Es ist normal, sich so zu fühlen. Die Gesellschaft hat uns oft ein Bild davon gegeben, wie wir sein sollten. Aber was ist mit dem Bild, das du für dich selbst hast?"

„Das Problem ist", antwortete Anna zögernd, „dass ich nicht einmal weiß, was dieses Bild ist. Ich habe immer versucht, den Erwartungen anderer gerecht zu werden."

- **Selbstakzeptanz:** Der erste Schritt zur Identitätsfindung ist die Akzeptanz dessen, wer man ist – mit all seinen Stärken und Schwächen.

- **Achtsamkeit:** Durch Achtsamkeit kann man lernen, im Moment zu leben und die eigenen Gedanken und Gefühle ohne Urteil zu beobachten.

- **Reflexion:** Regelmäßige Selbstreflexion hilft dabei, die eigenen Werte und Überzeugungen klarer zu erkennen.

„Vielleicht solltest du dir Zeit nehmen", schlug Max vor. „Mach eine Liste von Dingen, die dir Freude bereiten oder die du schon immer ausprobieren wolltest."

Annas Augen leuchteten auf. „Das klingt nach einer guten Idee! Vielleicht könnte ich auch meine Ängste aufschreiben – all die Dinge, die mich zurückhalten."

„Genau! Indem du deine Ängste benennst, nimmst du ihnen die Macht", ermutigte Max sie weiter. „Und vergiss nicht: Du bist nicht allein auf diesem Weg."

Anna nickte nachdenklich. In diesem Moment begann sie zu begreifen: Ihre Identität war kein festes Konstrukt; sie war ein dynamischer Prozess des Wachsens und Lernens.

18.2 Lebenslanges Lernen

In der ruhigen Atmosphäre des Cafés, wo Anna und Max oft ihre Gedanken austauschten, sprach Max über die Bedeutung des lebenslangen Lernens. „Weißt du, Anna", begann er, während er einen Schluck von seinem Kaffee nahm, „Lernen endet nicht mit der Schule oder dem Studium. Es ist ein fortwährender Prozess."

„Das klingt interessant", antwortete Anna neugierig. „Aber wie kann ich das in meinem Alltag umsetzen?"

Max lächelte und lehnte sich zurück. „Es gibt viele Wege! Du könntest neue Hobbys ausprobieren oder Online-Kurse belegen. Das Wichtigste ist, offen für neue Erfahrungen zu sein."

- **Neugierde bewahren:** Stelle Fragen und suche nach Antworten – das hält den Geist aktiv.
- **Kreativität fördern:** Versuche kreative Aktivitäten wie Malen oder Schreiben; sie erweitern deinen Horizont.
- **Austausch mit anderen:** Diskutiere mit Freunden oder Kollegen über verschiedene Themen; so lernst du unterschiedliche Perspektiven kennen.

„Ich habe immer gedacht, dass Lernen nur etwas für Kinder ist", gestand Anna nachdenklich. „Aber jetzt sehe ich es anders."

„Genau! Und es geht nicht nur um akademisches Wissen", fügte Max hinzu. „Es geht auch darum, emotionale Intelligenz zu entwickeln und soziale Fähigkeiten zu verbessern."

Annas Augen funkelten vor Begeisterung. „Vielleicht könnte ich einen Kurs in Fotografie machen! Ich habe schon lange darüber nachgedacht."

„Das wäre großartig! Und denk daran: Jeder Schritt zählt", ermutigte Max sie weiter. „Selbst kleine Fortschritte können große Veränderungen bewirken."

Anna nickte zustimmend und fühlte sich inspiriert. In diesem Moment wurde ihr klar, dass lebenslanges Lernen nicht nur eine Möglichkeit war, sich weiterzuentwickeln, sondern auch eine Quelle der Freude und Erfüllung im Leben darstellen konnte.

18.3 Erfüllung finden

In einem kleinen, gemütlichen Buchladen, umgeben von Regalen voller Geschichten, saßen Anna und Max an einem Tisch. „Weißt du", begann Anna nachdenklich, „ich habe oft das Gefühl, dass ich etwas in meinem Leben vermisse. Ich möchte Erfüllung finden."

Max nickte verständnisvoll. „Das ist ein wichtiges Thema. Erfüllung kommt oft von den Dingen, die uns wirklich am Herzen liegen."

„Aber wie finde ich heraus, was das für mich ist?" fragte Anna und spielte nervös mit ihrem Kaffeebecher.

„Es gibt einige Wege", antwortete Max und lehnte sich zurück. „Zuerst solltest du dir Zeit nehmen, um über deine Leidenschaften nachzudenken. Was macht dich glücklich? Was begeistert dich?"

- **Selbstreflexion:** Nimm dir regelmäßig Zeit für dich selbst und frage dich: Was sind meine Träume?
- **Ziele setzen:** Überlege dir konkrete Ziele, die du erreichen möchtest – sei es im Beruf oder im Privatleben.
- **Austausch mit anderen:** Sprich mit Menschen, die dich inspirieren; ihre Perspektiven können neue Ideen bringen.

„Ich habe immer gerne geschrieben", gestand Anna plötzlich. „Aber ich habe nie wirklich daran geglaubt, dass ich damit etwas erreichen könnte."

„Warum nicht einen Schreibkurs belegen?", schlug Max vor. „Das könnte dir helfen, deine Gedanken zu ordnen und vielleicht sogar eine neue Leidenschaft zu entdecken."

Annas Augen leuchteten auf. „Das klingt spannend! Vielleicht kann ich sogar ein Buch schreiben!"

„Genau! Und denk daran: Erfüllung kommt nicht über Nacht", ermutigte Max sie weiter. „Es ist ein Prozess des Wachstums und der Entdeckung."

Anna fühlte sich inspiriert und bereit, den ersten Schritt zu wagen. In diesem Moment wurde ihr klar, dass die Suche nach Erfüllung nicht nur eine Reise war – es war auch eine Möglichkeit, sich selbst besser kennenzulernen und das Leben in vollen Zügen zu genießen.

Synopsis zu „Die Kraft der Gegenwart – Dein Schlüssel zum wahren Leben"

In einer pulsierenden, modernen Stadt, in der Hektik und Ablenkung durch Technologie den Alltag dominieren, entfaltet sich die fesselnde Geschichte von Anna, einer jungen Marketingmanagerin in ihren Dreißigern. Gefangen in einem Leben voller Erwartungen und Selbstzweifel, spürt sie eine tiefe Entfremdung von ihren eigenen Wünschen und Träumen. Die ständige Jagd nach Erfolg und gesellschaftlicher Anerkennung hat sie von ihrem inneren Frieden entfernt.

Annas Suche nach Erfüllung beginnt mit der Entdeckung eines geheimnisvollen Buches über Achtsamkeit und Präsenz. An ihrer Seite steht ihr bester Freund Max, der als unterstützende Stimme fungiert und sie ermutigt, ihre Ängste zu überwinden. Doch Annas innerer Kritiker ist stets präsent und erinnert sie daran, dass sie nicht gut genug sei – ein ständiger Kampf zwischen Selbstakzeptanz und dem Drang nach Perfektion.

Der zentrale Konflikt entfaltet sich, als Anna erkennt, dass sie die Vergangenheit loslassen muss, um die Gegenwart zu akzeptieren. Sie steht vor der Herausforderung, sich von den gesellschaftlichen Normen zu befreien und den Sprung ins Ungewisse zu wagen. Auf ihrem Weg begegnet sie verschiedenen Hindernissen: den Erwartungen ihrer Familie, dem Druck des Berufslebens und den Verlockungen des materiellen Erfolgs. Diese Herausforderungen zwingen Anna dazu, tief in ihr Inneres zu blicken und sich mit ihren Ängsten auseinanderzusetzen.

Der Höhepunkt der Geschichte erreicht seinen dramatischen Punkt, als Anna vor einer entscheidenden Wahl steht: Soll sie weiterhin den sicheren aber unglücklichen Weg gehen oder bereit sein für das Unbekannte? In diesem Moment erkennt sie die wahre Kraft der Gegenwart – die Fähigkeit, im Hier und Jetzt zu leben und die kleinen Momente des Lebens wertzuschätzen.

Im abschließenden Teil des Romans wird deutlich, dass Annas Reise nicht nur eine persönliche Transformation darstellt; sie ist auch ein universelles Streben nach Identität und Selbstakzeptanz. Der Leser wird eingeladen, über seine eigene Lebensweise nachzudenken und inspiriert dazu angeregt, das eigene Glück aktiv zu gestalten.

„Die Kraft der Gegenwart" ist mehr als nur eine fesselnde Erzählung; es ist ein Leitfaden für alle auf der Suche nach einem erfüllten Leben. Mit einem inspirierenden Stil verbindet das Buch erzählerische Elemente mit tiefgründigen philosophischen Reflexionen über Achtsamkeitstraditionen. Es richtet sich an Leserinnen und Leser jeden Alters, die bereit sind für persönliches Wachstum und die Herausforderungen des modernen Lebens annehmen möchten.

Verlag: BoD · Books on Demand GmbH, Überseering 33,
22297 Hamburg, bod@bod.de
Druck: Libri Plureos GmbH, Friedensallee 273,
22763 Hamburg
ISBN: 978-3-7693-9794-9

FSC
www.fsc.org
MIX
Papier aus ver-
antwortungsvollen
Quellen
Paper from
responsible sources
FSC® C105338